Glückliche Kinder
Starke Kinder

Der Erziehungsratgeber für Kinder,
anstrengende Kinder und gefühlsstarke Kinder
sowie für Eltern und werdende Eltern

von
Linda Seefeld

„Dieser Ratgeber der Kindererziehung zum Thema
‚Glückliche Kinder, Starke Kinder'
ist neben meiner langjährigen beruflichen
Erfahrung, auch inhaltlich meiner Familie mit
meinen drei wundervollen Kindern zu verdanken."

Linda Seefeld

Inhaltsverzeichnis

1. Einleitung 9

2. Warum Eltern oft gestresst sind 11

3. Warum Erwachsene und Kinder oft unglücklich sind 14

3.1 Gründe für Unzufriedenheit.. 14

3.2 Zu viele Termine und kein klarer Kopf 15

3.3 Was du gegen diese Unzufriedenheit tun kannst 15

3.4 Warum Kinder unglücklich sind.................................... 16

3.5 Was du gegen die Unzufriedenheit deiner Kinder tun kannst 18

4. Was Kinder wirklich wollen und brauchen 19

4.1 Aktives Zuhören 19

4.2 Beachtung schenken 21

4.3 Beschäftigungen 23

4.4 Gefühle zulassen.. 25

4.5 Kinder wollen Zeit alleine 26

4.6 Konsequenz und Grenzen.. 28

4.7 Wertschätzung 30

4.8 Glückliche Kinder brauchen glückliche Eltern.............. 32

5. Woher du weißt, dass es deinem Kind gut geht 33

5.1 Beobachte dein Kind beim Spielen 33

5.1.2 Was tun, wenn du merkst, dass es deinem Kind nicht gut geht 34

5.2 Hör deinem Kind aufmerksam zu 34

5.2.1 Ich bin müde 35

5.2.2 Ich habe Bauchschmerzen 36

5.2.3 Die Dunkelheit macht mir Angst 37

5.3 Beobachte das Verhalten deines Kindes 38

6. Kinder brauchen Liebe und Geborgenheit 39

6.1 Liebe und Nähe sind die Grundlage einer guten Erziehung 40

6.2 Vertrauen und emotionale Sicherheit 42

6.3 Anerkennung und Wertschätzung 45

6.4 Verwöhnen ist keine Liebe 46

7. Wie dein Kind zum Optimisten wird 49

7.1 Was ist Optimismus? 49

7.2 Optimismus – angeboren oder anerzogen? 50

7.3 Eine positive Lebenseinstellung vermitteln 50

7.4 Kleinkinder und die positive Einstellung zum Leben 51

7.5 Das Jugendalter 53
7.6 Was du in der Erziehung tun kannst 54
7.6.1 Konzentriere dich auf die Stärken deines Kindes ... 55
7.6.2 Lachen ist das halbe Leben eines Optimisten 56
7.6.3 Teile deinem Kind Aufgaben zu 57
7.6.4 Lass auch Fehler zu 58
7.6.5 Wünsche und Gefühle müssen ernst genommen werden 60
8. Empathie bei Kindern fördern 61
8.1 Warum und wie merken Kinder, wie es Erwachsenen geht? 61
8.2 Kinder drücken sich anders aus als Erwachsene 62
8.3 Der richtige Umgang mit deinem Kind 63
8.4 Wie du ein empathisches Gespräch führen kannst 64
8.5 Empathie vorleben 66
8.6 Jedes Kind ist anders 66
8.7 Empathie fördern 68
9. Wie du das Selbstbewusstsein deines Kindes stärkst 70
9.1 Selbstbewusstsein – was ist das? 70

9.2 Selbstwertgefühl und Selbstvertrauen im Kleinkindalter stärken 72

9.3 Allgemeine Tipps, um das Selbstbewusstsein deines Kindes zu stärken 74

9.3.1 Gib deinem Kind emotionale Zuwendung 74

9.3.2 Freiraum lassen und Vertrauen schenken 76

9.3.3 Ein Vorbild sein 77

9.3.4 Dein Kind ist einzigartig 78

9.3.5 Achte darauf, wie du dein Kind lobst 80

9.3.6 Sei für dein Kind nur da, wenn es dich braucht 81

10. Wie du die positiven Seiten deines Kindes hervorheben kannst 83

10.1 Was mit deinem Kind passiert, wenn du nur Negatives aufzeigst 83

10.2 Stets die positiven Seiten hervorheben 85

10.3 Stärken und Schwächen im Alltag integrieren 85

11. Die Fähigkeiten deines Kindes fördern 87

11.1 Die Förderung des Kleinkindes 87

11.2 Das Vorschulalter 89

11.3 Fähigkeiten fördern bei deinem Schulkind 91

11.4 Die Zeit nach der Grundschule 92

11.5 Das Jugendalter.. 93

12. Wie die Beziehung zwischen Eltern und Kindern gefördert werden kann...95

12.1 Das Neugeborene 95

12.2 Das Kleinkind 96

12.3 Das Schulkind 98

12.4 Der Jugendliche 100

12.5 Tipps für jedes Alter 101

13. Schwierige, aktive Kinder vs. ruhige, schüchterne Kinder 104

13.1 Dein schwieriges, aktives Kind 104

13.2 Tipps, um dein aktives Kind zu beschäftigen 105

13.3 Dein ruhiges, schüchternes Kind 109

13.4 Tipps im Umgang mit deinem ruhigen Kind 109

14. Schlusswort 112

Hat dir mein Buch gefallen? 114

Lesenswerte Literaturempfehlungen 115

Wenn ein Kind verstanden und toleriert wird, lernt es geduldig zu sein.

Wenn ein Kind ermutigt wird, lernt es sich selbst zu vertrauen.

Wenn ein Kind gelobt wird, lernt es sich selbst zu schätzen.

Wenn ein Kind gerecht behandelt wird, lernt es gerecht zu sein.

Wenn ein Kind geborgen lebt, lernt es zu vertrauen.

Wenn ein Kind anerkannt wird, lernt es sich selbst zu mögen.

Wenn ein Kind in Freundschaft angenommen wird, lernt es, in der Welt Liebe zu finden.

(Weisheit aus dem Tibet)

1. Einleitung

Eltern stellen sich oft die Frage, wie die richtige Erziehung von Kindern aussieht. Hier sei als erstes zu erwähnen, dass es in der Erziehung kein „richtig“ oder „falsch“ gibt. Die Methoden der Erziehung sollten individuell auf jedes einzelne Kind angepasst werden. Leider findet man auch heute noch zahlreiche Ratgeber, die sich mit der Kindererziehung befassen, dabei aber die Rechte der Kinder vollkommen aus den Augen lassen. In vielen Büchern kannst du lesen, dass du Herr über dein Kind sein und es auf den richtigen Weg bringen sollst. Leider wird hierbei oft nicht erwähnt, wie du dein Kind durchs Leben begleiten solltest. Erziehung ist ein Wort, das jeder Elternteil anders auslegt. Manche Mutter trifft sich mit dem Kind auf Augenhöhe, während es für eine andere Mutter normal ist, dass sie immer über dem Kind steht.

In diesem Buch kannst du sehr viel über die Erziehung von Kindern lesen. Doch auch die Probleme, mit denen du als Mutter bzw. Vater konfrontiert wirst, werden erklärt. Um es für dich verständlicher zu machen, wirst du einige Beispiele lesen können, wie du mit deinem Kind in schwierigen Situationen umgehen kannst. Wie kannst du dein Kind zu einem glücklichen Kind machen, wenn es sich gerade in der Trotzphase befindet? Ab welchem Alter beginnt die Erziehung deines Kindes? Warum fällt es dir an manchen Tagen so schwer, konsequent zu sein und warum ist Konsequenz überhaupt notwendig, um dein Kind zu erziehen?

Wie du siehst, gibt es in der Erziehung sehr viele Fragen, mit denen sich jede Mutter bzw. Vater irgendwann beschäftigen muss. Du sollst in diesem Buch aber nicht nur lesen können, wie du dein Kind erziehen kannst. Du sollst ebenfalls herausfinden, warum sich dein Kind verhält, wie es sich verhält. Wie kannst du es schaffen, dass dein Kind Vertrauen zu dir hat und sich in deiner Nähe wohlfühlt? Wie kannst du dein Kind mit Liebe und Konsequenz zu einem empathischen, glücklichen Menschen erziehen? Bevor du einige der Praxisbeispiele liest, solltest du dich mit den ersten Kapiteln befassen. Dort wird dir gezeigt, warum Kinder und auch Erwachsene oft unglücklich oder gestresst sind. Du wirst erfahren, wie du erkennen kannst, ob es deinem Kind gut geht und wie du deinem Kind zu einem gesunden Optimismus verhelfen kannst. Kinder sind ein Segen und auch du solltest dein Kind mit Respekt behandeln, um es zu einem zufriedenen, glücklichen Erwachsenen zu erziehen.

- **Extra Bonus im Buch:**

In vielen Kapiteln findest du am jeweiligen Ende tolle Praxisideen und Beispiele, wie du dein Kind zu einem glücklichen Erwachsenen erziehen kannst. Die Namen wurden frei erfunden und sind rein zufällig ausgewählt. Es ist im Grunde egal, ob es sich um einen Jungen oder ein Mädchen handelt, denn die Bedürfnisse sind bei beiden Geschlechtern dieselben.

2. Warum Eltern oft gestresst sind

In diesem Kapitel sollst du erfahren, warum Eltern oft Stress haben. Was bedeutet Stress und wie kannst du damit umgehen? Warum ist es oft so schwer, sein Kind liebevoll zu erziehen? Warum stresst es dich als Elternteil oft, den Alltag mit deinem Kind zu meistern. Vorweg sei gesagt, dass sich garantiert jeder Mensch, der Kinder hat, schon mal in dieser Situation wiedergefunden hat. Dir wird alles zu viel und du kommst an den Rand der Verzweiflung. Aber warum ist das so und warum ist es vollkommen normal?

Stress ist ein vollkommen normaler Zustand, den jeder Mensch in seinem Leben erlebt. Stress ist nicht immer etwas Negatives, denn der Mensch erfährt oft positiven Stress. Auch beim Thema Kindererziehung und glückliche Kinder kommt es oft zu positivem, aber auch negativem Stress.

Beispiel für positiven Stress:

> Du planst den Kindergeburtstag deiner Tochter/deines Sohnes. Du weißt, dass viele Vorbereitungen notwendig sind, um deinem geliebten Kind eine schöne Feier zu bescheren. Diese Vorbereitungen brauchen sehr viel Zeit, aber auch sehr viel Energie. Du machst diese Dinge jedoch gerne, denn du weißt, dass sich dein Kind sehr darüber freuen wird. Du verspürst zwar in diesem Moment Stress, der sich aber nicht negativ auf deinen Körper oder deinen Geist auswirkt.

Beispiel für negativen Stress:

> Negativen Stress kennt jeder Mensch. Du wirst Tage erleben, an denen dich alles nervt und stresst. Du hast einen wichtigen Termin und musst zeitig weg, aber dein Kind lässt sich nicht anziehen oder trödelt rum. Es nervt dich, dass du deinem Kind alles immer wieder sagen musst und es dennoch nicht auf dich hört. Du kommst in Zeitstress, weil du pünktlich bei deinem Termin sein musst. Diese Form von Stress wirkt sich negativ auf deine körperliche und auch mentale Gesundheit aus.

Wie du siehst, ist Stress nicht immer etwas Schlechtes. Stress ist ein Zustand, der für den Menschen überlebenswichtig ist. Positiver und negativer Stress sollten sich immer in der Waage halten. Erlebst du einen Tag, an dem alles drunter und drüber geht, wirst du vermutlich negativen Stress empfinden. Du fühlst dich ausgelaugt und bist müde. Dies schlägt dir auf dein Gemüt und du bist gereizt. Liegst du aber abends mit deinem Kind im Bett und genießt eine Kuscheleinheit, während du deinem Liebling eine Geschichte vorliest, erholt sich dein Körper wieder. Du entspannst dich und deine gute Laune kehrt zurück. Dieser Ausgleich ist wichtig, damit dein Körper mit dem täglichen, negativen Stress besser umgehen kann.

Das Leben mit Kindern ist nicht immer einfach. Jeder Tag kann, abhängig vom Alter des Kindes, Stress für die Eltern bedeuten. Vor allem Mütter sind davon häufiger betroffen. Hast du ein Baby zu Hause, kann es dich mal stressen, dass es weint und du nicht weißt, was es braucht. Hast du ein Kleinkind zu Hause, kann dieses deine Nerven ganz schön strapazieren und auch der

Teenager kann dir deinen Alltag schwer machen. Warum ist es aber ganz normal, dass dies so ist? Die Antwort ist ganz einfach. Jeder Mensch, der Kinder hat, macht dies durch. Kinder müssen Erwachsene stressen, damit Eltern lernen, mit allen Situationen umgehen zu können. Das Stresslevel erhöht sich mit dem Alter des Kindes. Während ein Baby die Eltern oft nur wenig stresst, ist der Jugendliche manchmal sehr nervig. Dies ist von der Natur so eingerichtet, sodass die Mutter und der Vater resistenter gegenüber negativem Stress werden.

Fühlst auch du dich oft gestresst? Fühlst du dich manchmal in deiner Mutterrolle/Vaterrolle überfordert? Gut, denn dann gehörst du zu den Menschen, die alles für ihre Kinder geben und jeden Tag einen guten Job machen. Lass dir gesagt sein, dass es vollkommen normal ist und jeder Elternteil diesen Teil des Lebens durchmacht.

3. Warum Erwachsene und Kinder oft unglücklich sind

Wenn du Kinder hast, gehörst du wohl zu den glücklichsten Menschen der Welt. Zumindest wird es so von der Gesellschaft verlangt. Doch, dass Elternsein nicht immer nur schön ist, weiß jede Mutter und jeder Vater. Es kommt oft zu Situationen, in denen Eltern an ihre Grenzen gehen. Das ist normal und Alltag in vielen Familien. Doch warum sind Erwachsene oft unglücklich.

3.1 Gründe für Unzufriedenheit

In der heutigen Zeit ist es nicht mehr so einfach, seine Kinder großzuziehen. Dafür gibt es mehrere Gründe und diese sind dafür verantwortlich, dass Eltern oft unglücklich sind. Sind die Erwachsenen nicht glücklich, können es auch die Kinder nicht sein.

1. **Zu wenig Geld:**

   Heutzutage ist es finanziell nicht mehr so einfach, stets für die Kinder da zu sein. Früher war es Gang und Gäbe, dass der Mann arbeiten geht und die Frau für die Kindererziehung da ist. Heute ist dies in den meisten Familien nicht mehr möglich. Um aber dennoch für die Kinder da zu sein, gehen viele Frauen einem Halbtagsjob nach. Dies hat zur Folge, dass der Verdienst weniger ist. Es muss oft an allen Ecken und Enden gespart werden, was Frustration mit sich bringt.

2. Zu wenig Zeit:

Da Frauen, genauso wie Männer, die meiste Zeit ihres Lebens in der Firma verbringen, ist nicht mehr genügend Zeit, um für die Kinder voll da zu sein. Deine Kinder werden vermutlich von einer anderen Person betreut oder sind den ganzen Tag in der Kita oder in der Schule. Eltern kommen bereits gestresst von der Arbeit nach Hause und die Kinder fordern ihre Zeit ein. Aber auch ein Haushalt muss nebenbei noch gemacht werden und die Kinder wollen etwas Warmes zu essen auf dem Tisch haben. Ganz klar, dass dann meist zu wenig Zeit für die Kinder bleibt.

3.2 Zu viele Termine und kein klarer Kopf

Auch der Termindruck in dieser schnelllebigen Zeit ist enorm. Viele Eltern hasten von einem Termin zum nächsten und nehmen sich nie Zeit für sich selbst. Mütter und Väter sind im Familienleben zu eingespannt, sodass sie keine Zeit für etwas anderes haben. Dies führt dazu, dass Menschen unglücklich werden.

3.3 Was du gegen diese Unzufriedenheit tun kannst

Du selbst hast dein Leben in der Hand, daher kannst auch nur du selbst etwas gegen deine Unzufriedenheit tun. Siehst du dir die Gründe für Unzufriedenheit an, wirst du erkennen, dass du gegen die finanzielle Situation nicht viel machen kannst. Du kannst nur versuchen, dein Geld für die wirklich wichtigen Dinge auszugeben und genau zu kalkulieren. Für die Probleme Zeit und Termine gibt es aber einfache Lösungen. Nimm dir Zeit für dich selbst.

Du bist Mutter oder Vater, aber auch eine Frau oder ein Mann. Viele Menschen vergessen dies. Sie sind so in ihrer Rolle als Elternteil eingespannt, dass sie sich kaum noch Zeit für sich nehmen. Damit ist gemeint, dass du dir Zeit mit deinem Partner, aber auch für dich selbst nehmen solltest. Hast du ein Hobby? Gut, dann gehe diesem einmal in der Woche nach. Dein Partner kann in der Zeit auf deine Kinder achtgeben, während du den Kopf freibekommst und abschalten kannst. Doch auch ein Abend als Paar ist sehr wichtig, denn wenn ihr in eurer Beziehung glücklich seid, könnt ihr auch ein glückliches Leben führen.

Dies gilt auch für die Bindung zu deinen Kindern. Zeit mit den Kindern ist wichtig und daher sollte man sich diese Zeit auch nehmen. Kinder fordern die Aufmerksamkeit der Eltern so oder so ein. Also warum nicht eine Elternzeit vereinbaren, in der die ganze Aufmerksamkeit dem Kind gilt? In dieser Zeit kannst du mit deinem Kind etwas unternehmen oder einfach nur für dein Kind da sein und reden. Um diese Zeit gut zu vereinbaren, ist es sinnvoll, einen fixen Tag auszumachen, denn sonst bleibt dieses Ziel nur ein Vorhaben.

3.4 Warum Kinder unglücklich sind

Warum Kinder unglücklich sind, hat zum Großteil mit der Unzufriedenheit der Eltern zu tun. Kinder spüren, wenn ihre

Bezugspersonen unglücklich sind. Abgesehen von dem Stress, den jeder Elternteil auf sein Kind projiziert, haben Kinder aber auch Sorgen und Ängste, die sie unglücklich machen. Je nach Alter der Kinder übertragen Eltern unterschiedlich viel Stress. Das beste Beispiel hierfür ist ein Baby. Möchtest du dein Baby abends ins Bett bringen und bist gestresst und genervt vom Tag, wird dein Baby nicht einschlafen. Je mehr du dir innerlich wünschst, dass das Kleine nun endlich schlafen soll, umso länger wird es dauern bis es einschläft. Du kannst noch so sehr versuchen, ruhig zu sein, dein Baby wird deinen inneren Stress spüren.

Genauso ist es auch bei größeren Kindern. Wenn du am meisten gestresst bist, braucht dein Kind etwas von dir. Du kannst deinem Kind in dem Moment aber nicht das geben, was es braucht und dein Kind wird unglücklich. Elternteile merken oft nicht, dass der Ton, in dem sie mit dem Kind sprechen, nicht angemessen ist. Sie sind so gestresst, dass ihnen ihr eigenes Verhalten nicht auffällt. Kinder reagieren aber sehr sensibel auf das Verhalten Erwachsener und durchschauen jeden Menschen. Bist du nicht glücklich, ist es dein Kind auch nicht.

Hinzu kommt, dass dein Kind vielleicht eigene Probleme hat, die es stressen und unglücklich machen. Du kannst in deiner mentalen Lage aber nicht so für das Kind da sein, wie es dein Liebling brauchen würde. Dadurch werdet ihr beide noch unglücklicher.

3.5 Was du gegen die Unzufriedenheit deiner Kinder tun kannst

Es gibt nur wenige Möglichkeiten, was du gegen die Unzufriedenheit deines Kindes tun kannst. Zumindest in dem Moment, in dem es unzufrieden ist. Du kannst für dein Kind da sein und ihm zuhören. Das ist wohl das wichtigste Gut der Erziehung. Zeit für dein Kind zu haben, ist nicht nur für dein Kind wichtig, sondern dient auch deiner Entspannung. Nimm dir jeden Abend ein wenig Zeit für dein Kind und ihr werdet beide glücklicher in den nächsten Tag starten.

Nimm dein Kind ernst. Wenn man selbst gestresst ist, ist es oft schwierig, sich auch noch um die Probleme der Kinder zu kümmern. Zumal diese Probleme für viele Erwachsene gar keine Probleme sind. Erzählt dir dein Kind aber, dass es unglücklich ist, ist es wichtig, deinen Liebling ernst zu nehmen. Fühlt sich dein Kind bei dir sicher und verstanden, wird es mit einem zufriedenen Gemüt aus dem Gespräch gehen. Es wird wissen, dass es sich auf dich verlassen kann. Vor allem in der Pubertät ist dies ein wichtiger Aspekt, damit dein Kind glücklich sein kann.

4. Was Kinder wirklich wollen und brauchen

Um dein Kind zu einem glücklichen Erwachsenen zu erziehen, braucht es mehr als nur Nahrung, Spielzeug und Kleidung. Dein Kind hat mehrere Bedürfnisse. Neben den materiellen Dingen, sind es die Kleinigkeiten, die den Charakter deines Kindes formen. Wie du mit deinem Kind sprichst und was du deinem Kind sagst, ist von enormer Wichtigkeit.

4.1 Aktives Zuhören

Kinder wollen gehört werden und zwar immer. Schon dein Baby möchte gehört werden und das ändert sich bis zum Erwachsenenalter nicht. Wenn dein Baby schreit, möchte es dir etwas mitteilen. Dein Baby kann dir noch nicht erklären was es will, aber es will in jedem Fall auf sich aufmerksam machen. Es haben sich schon einige Mediziner und Therapeuten mit dem Zuhören beschäftigt. Dabei fanden sie heraus, dass es für ein Baby schlecht ist, wenn du es schreien lässt. Die körperlichen Folgen sind, dass sich der Blutdruck und der Puls erhöhen und auch die Körpertemperatur ansteigt.

Viel wichtiger aber, sind die psychischen Folgen, die sich aus diesem Verhalten ergeben. Dein Baby verliert das Urvertrauen. Es wird irgendwann aufhören zu schreien, denn es hat einfach aufgegeben. Es schreit jetzt nicht mehr, weil es bereits weiß, dass sowieso niemand kommen wird. So ist es auch bei größeren Kindern. Hast du ein Kleinkind zu Hause und hörst ihm nicht zu, wird es irgendwann das Vertrauen in dich verlieren. Auch Teenager haben das Bedürfnis etwas zu erzählen. Wie du siehst, ist es in jedem Alter wichtig, dass du für dein Kind da bist und ihm aktiv zuhörst. Doch was bedeutet aktives Zuhören eigentlich?

Es klingt doch einfach: Dein Kind erzählt und du hörst zu. Das ist aber gar nicht so einfach, wie es sich anhört. Aktives Zuhören braucht Übung und Konsequenz. Es ist ein langer Prozess, dieses Zuhören zu erlernen.

Dazu ein Beispiel:

> Dein Kind erzählt dir, dass es mit einer Freundin/einem Freund Streit hat. Sofort reagierst du und verteidigst dein Kind. Du willst deinem Kind helfen, das Problem zu lösen, und möchtest die Mutter der Freundin/des Freundes anrufen und die Sache klären. Oder du reagierst mit einem Lächeln und sagst deinem Kind, dass es sich nicht so anstellen solle und jeder Mal einen Streit hat. Beide Reaktionen wären nicht gut. Wie kann das Gespräch besser laufen? Aktives Zuhören ist hier das Stichwort. Setz dich mit deinem Kind hin und lass es erzählen, was passiert ist. Frag deinen Liebling nach seinen Gefühlen. Dies ist wichtig, um deinem Kind das Gefühl zu vermitteln, dass du für es da bist und wirklich an seinem Erlebten interessiert bist.

Folgende Fragen kannst du stellen:

- Wie fühlst du dich jetzt?
- Was hast du in dieser Situation gefühlt?

- Welche Gedanken hattest du?
- Wie möchtest du weiter vorgehen?
- Hast du eine Lösung für dein Problem?
- Soll ich dir helfen?
- Denkst du, dass du die Situation alleine bewältigen kannst?

Wenn du diese Fragen in das Gespräch einbaust, wird dein Kind merken, dass du Interesse hast. Das Gespräch wird besser verlaufen, als wenn du dein Kind belehrst oder bevormundest. Jeder Mensch möchte gehört werden. Auch erwachsene Menschen brauchen ein Gegenüber, das aktiv zuhört. Warum dann nicht auch Kinder?

4.2 Beachtung schenken

Jeder Mensch möchte beachtet werden. Egal, ob dein Baby erst ein paar Wochen alt ist, oder dein Kind bereits das Jugendalter erreicht hat. Jedes Kind braucht Aufmerksamkeit. Ein Baby wird sich freuen, wenn du mit ihm sprichst. Es wird dich anlächeln und dir so signalisieren, dass es dich liebt. Ein Kleinkind fordert ebenso Beachtung ein, indem es dich immer wieder ruft, mit dir sprechen oder dir Dinge zeigen will. Es ist von enormer Wichtigkeit, dass Kinder diese Beachtung bekommen.

Ignorierst du dein Kind, so wird es garantiert Blödsinn machen, um deine Aufmerksamkeit zu bekommen. Ein Kind mit Ignoranz zu strafen, ist immer noch Gang und Gäbe in der Erziehung. Leider hat dieses Verhalten schlimme Auswirkungen auf das spätere Leben deines Kindes. Denkst du über das Verhalten nach, wirst du schnell feststellen, dass es keine gute Idee ist, dein Kind zu ignorieren. Was lernt es in so einer Situation? Dein Kind hat etwas getan, das es nicht sollte. Du schimpfst mit deinem Kind und strafst es anschließend mit Ignoranz. Es sieht sich dein Verhalten an und wird es später nach machen. Dein kleiner Liebling lernt von dir, dass er mit niemandem sprechen muss, wenn er nicht möchte. Es wird sich denken: „Wenn jemand etwas macht, was mir nicht passt, spreche ich mit dieser Person nicht mehr". So wird sich das auch auf das spätere Leben negativ auswirken.

Kinder fordern Beachtung ein und das ist gut so. Wir alle wollen beachtet werden. Es ist sinnvoll, wenn du deinem Kind die benötigte Aufmerksamkeit schenkst. Das mag oft schwierig sein und du könntest an deine Grenzen stoßen, aber für die Entwicklung deines Kindes ist es wichtig. Wenn dich dein Kleinkind den ganzen Tag damit auf Trab hält, dir wichtige Dinge zu erzählen und zu zeigen, kann das deine Nerven strapazieren. Bitte dein Kind um ein paar Minuten Pause. So würdest du es doch auch bei deiner Freundin/deinem Freund oder deiner Partnerin/deinem Partner machen. Wenn du etwas Zeit für dich brauchst, teile deinem Kind dies mit. Strafe es jedoch nie mit Ignoranz.

- **Praxisidee und Beispiel zum Kapitel 4.2:**

Anika ist 3 Jahre alt und spielt schon eine ganze Weile mit ihren Bausteinen. Du kochst gerade das Mittagessen und Anika ruft dich ständig. Jeder Baustein, der auf den Turm gesetzt wird, muss von dir genau unter die Lupe genommen werden. Anika möchte natürlich hören, dass sie gut darin ist, einen Turm zu bauen. Immer wieder bestätigst du ihr, dass sie ihre Arbeit klasse macht. Mit der Zeit fühlst du dich gestresst, denn Anika hört einfach nicht damit auf, dich zu rufen. Statt gestresst zu reagieren, solltest du dir einen Moment Zeit für deine Tochter nehmen. Setze dich neben sie und erkläre ihr, dass du gerade das Mittagessen kochst und nicht ständig wegkannst. Das Essen würde sonst anbrennen und ihr hättet beide nichts davon. Versichere deiner Tochter, dass du dir später genügend Zeit für sie nimmst und mit ihr viele Türme baust. Vergiss aber nicht, dein Versprechen einzuhalten.

4.3 Beschäftigungen

Kinder wollen beschäftigt werden. Wenn Kindern langweilig ist, kommen sie auf lustige Ideen, die Erwachsene weniger lustig finden. Daher ist sinnvolle Beschäftigung sehr wichtig für die kindliche Entwicklung. Kinder sind von Natur aus sehr wissbegierig. Dies beginnt schon im Babyalter und ändert sich bis zum Erwachsenwerden nicht mehr. Babys wollen die Welt entdecken, daher ist es wichtig, dass schon junge Babys sinnvoll beschäftigt werden. In diesem Alter kann ein Spielebogen interessant sein, um die Augen und das Gehirn zu trainieren. Später können Spielzeuge, die die Motorik fördern, zum Einsatz kommen.

Kleinkinder wollen die Welt entdecken und möchten viele Dinge erforschen. Du kannst dein Kind beschäftigen, indem du es in die Aufgaben des Haushaltes einbeziehst. Ein Kleinkind kann dir bereits beim Kochen und Aufräumen helfen. Diese Zeit kannst du nutzen, um deinem Kind etwas beizubringen, aber auch, um

Gespräche zu führen. Spielzeuge, die die Sinne der Kinder stärken, sind ebenfalls eine gute Sache und wichtig für die Entwicklung des Gehirns. Kinder fordern es ein, dass du ihnen Beschäftigungen gibst, bei denen sie etwas lernen können.

Auch das „Alleine spielen" muss gelernt werden. Dein Kind kann sich sehr gut einige Zeit alleine beschäftigen. Es kann ein Puzzle bauen oder mit Autos durch die Wohnung sausen. Denke aber immer daran, auf die Zeit zu achten. Kinder, die ständig alleine spielen müssen, können ihre Wissbegierde nicht befriedigen, was sich mit körperlichen Problemen äußern kann. Dein Kind könnte schlechter schlafen und sich immer mehr zurückziehen. Kinder wollen lernen und das sollen sie auch. Je mehr du auf dein Kind eingehst, umso empathischer wird es auch als Erwachsener sein. Kinder, die viel wissen, sind glückliche Kinder.

❖ **Praxisidee und Beispiel zum Kapitel 4.3:**

Lea-Sophie ist 2,5 Jahre alt. Sie ist ein sehr aufgewecktes Kind und möchte immer wieder neue Dinge entdecken und lernen. In dieser Zeit ist es wichtig, Lea-Sophie mit geeigneten Spielen zu beschäftigen. Du hast nicht immer Zeit, um neben ihr zu sitzen und mit ihr zu spielen. Gib ihr Aufgaben, die sie erledigen kann und dabei spielerisch lernt. Lea-Sophie lernt gerade die Farben kennen. Lasse sie bunte Blätter und Stifte ordnen. Während du der Hausarbeit nachgehst, soll Lea-Sophie alle Stifte den richtigen Blättern zuordnen und diese auf den Boden legen. Das Blatt und der Stift müssen die gleiche Farbe haben. Ist sie fertig mit ihrer Arbeit, kannst du dich mit ihr hinsetzen, die Ordnung kontrollieren und alle Farben benennen. Lea-Sophie hat in dieser

Zeit ihre Augen und ihr Gehirn trainiert. Sie hat gelernt, Ordnung in das Chaos zu bringen und Farben zu benennen.

4.4 Gefühle zulassen

Für Kinder ist es sehr wichtig, ihre Gefühle zulassen zu können. Ein Kind, das wütend ist, muss diese Emotion zeigen können. Natürlich in angemessener Form. Hier kommen die Eltern ins Spiel. Elternteile sollten dafür sorgen, dass ihre Kinder lernen, mit Gefühlen richtig umzugehen und diese ausdrücken zu können. Ist dein Kind wütend, sollte es das zeigen dürfen. Kann ein Kind seine Gefühle nicht ausleben und muss diese unterdrücken, so wird es auch als erwachsener Mensch nicht empathisch sein können. Gefühle spielen in der Kindererziehung generell eine große Rolle. Eltern äußern ihre Gefühle genauso, wie auch Kinder dies tun. Sind Eltern ein gutes Beispiel und zeigen ihren Lieblingen wie sie Wut, Trauer und Freude ausdrücken können, werden Kinder sich dieses Verhalten sehr bald abschauen.

Beispiele:

Dein Kind ist sehr traurig und weint. Du sagst deinem Sohn, dass große Jungs nicht weinen. Nur Mädchen weinen und er ist schließlich kein Mädchen. Diese Vorgehensweise wäre nicht richtig, denn auch Jungs und Männer dürfen weinen. Sagst und zeigst du deinem Sohn aber, dass er weinen darf und nimmst ihn in den Arm, wird er später im Leben mit der gleichen Geste reagieren. Er wird andere Menschen in den Arm nehmen, wenn sie traurig sind und empathisch auf deren Gefühle eingehen.

Du hast eine Tochter, die furchtbar wütend ist. Sie schreit und schlägt mit den Fäusten. Du ermahnst sie und sagst ihr, dass sie kein Junge sei und brave Mädchen nicht schreien und schlagen. Deine Tochter muss ihr Gefühl der Wut unterdrücken und wird mit der Zeit lernen, Gefühle nicht mehr zuzulassen. Sie wird ein sehr kalter Mensch. In dieser Situation wäre die richtige Handlung, dass du deiner Tochter erklärst, dass sie wütend sein darf. Frage nach, warum sie wütend ist und versuche, die Situation zu klären. Auch ein Mädchen darf wütend sein und schreien. Nimm dir ein Polster zur Hand und lass deine Tochter in das Polster schreien. Natürlich sollst du dich nicht schlagen lassen. Du solltest stattdessen deiner Tochter erklären und zeigen, wie sie mit der Wut besser umgehen kann. Dieser Prozess ist sehr schwierig und braucht etwas Zeit, um erlernt zu werden.

Egal, ob Tochter oder Sohn – jedes Kind soll Gefühle zeigen dürfen. Die kleinen Wesen machen einen langen Lernprozess durch, bis sie alle Gefühle richtig einordnen und damit umgehen können. Daher ist es sehr wichtig, dass du als Elternteil mit Rat und Tat zur Seite stehst. Ein Kind, das weiß, dass es seine Gefühle jederzeit im angemessenen Rahmen äußern darf, ist ein glückliches Kind. Später wird dein glückliches Kind ein empathischer Erwachsener werden.

4.5 Kinder wollen Zeit alleine

Ja, jeder Erwachsene kennt die Situation, dass man nach einem langen Arbeitstag sehr gerne seine Ruhe haben möchte. Du kommst nach einem anstrengenden Tag nach Hause und dein

Kind redet auf dich ein. Du bittest es, dir fünf Minuten Zeit zu geben, bevor ihr miteinander redet. Du hast den ganzen Tag mit Leuten reden müssen und möchtest kurz die Ruhe genießen. Vielleicht verziehst du dich ins Schlafzimmer oder Badezimmer, um einen Moment für dich alleine zu haben.

Genauso geht es auch deinem Kind manchmal. Hat es in der Schule sehr viel Trubel gegeben, kann das auch deinem kleinen Liebling zu viel werden. Dein Kind möchte Ruhe haben. Das hat nichts damit zu tun, dass dein Kind schmollt oder dich nicht sehen möchte. Es hat einfach das Bedürfnis nach Ruhe. Sitzt es in seinem Zimmer und malt ein Bild oder liest ein Buch, so lasse deinem Kind die nötige Ruhe. Es ist für die heranwachsenden Wesen ganz wichtig, dass sie Zeit alleine haben. Sie lernen so, sich selbst zu beschäftigen, aber auch mit ihren Gedanken und Gefühlen umzugehen.

Vielleicht kann dein Sohn nur abschalten, wenn er alleine ist. Vielleicht kann deine Tochter den harten Schultag nur hinter sich lassen, wenn sie etwas Ruhe und Einsamkeit bekommt. Einsamkeit ist ein Wort, das heutzutage sehr negativ besetzt ist. Doch eigentlich ist Einsamkeit etwas Schönes, wenn es sich nur um einen kurzen Zeitrahmen handelt. Gib deinem Kind die Chance, die Einsamkeit als etwas Positives zu erleben, denn so kannst du sicher sein, dass dein kleiner Liebling auch als erwachsener Mensch die Einsamkeit genießen kann.

❖ **Praxisidee und Beispiel zum Kapitel 4.5:**

Max ist 12 Jahre alt und kommt von der Schule nach Hause. Er wirft seine Schultasche auf sein Bett, geht zum Kühlschrank, nimmt sich etwas zu trinken und verschwindet wieder in seinem Zimmer. Du gehst hinterher und möchtest ihn fragen, was denn los sei, denn du merkst, dass etwas nicht stimmt. Max gibt dir aber nur patzige Antworten und möchte, dass du sein Zimmer verlässt. Du bleibst aber beharrlich stehen und möchtest wissen, was los ist. Max wird immer unfreundlicher und zornig. Es ist ratsam, Max einige Zeit alleine zu lassen. Biete Max an, dass du da bist, wenn er reden möchte und verlasse sein Zimmer. Später kommt Max auf dich zu und erzählt dir von seinen Problemen in der Schule. Da du deinem Sohn die nötige Zeit gegeben hast, wusste er, dass du seine momentanen Gefühle und seinen Wunsch allein zu sein respektiert hast.

4.6 Konsequenz und Grenzen

Kinder brauchen Regeln. Sie fordern diese von den Eltern ein. Klare Regeln und Grenzen sind eines der wichtigsten Dinge, um dein Kind glücklich zu machen. Es mag zwar eigenartig klingen, aber dein Kind braucht diese Form der Erziehung, um sich gut entwickeln zu können. Nicht immer wird sich dein Kind an die Regeln halten, die du aufgestellt hast. Irgendwann wird der Tag kommen, an dem es seine Grenzen austestet. Du solltest dein Kind mit einer gewissen Bestimmtheit erziehen. Das bedeutet, dass du ihm klare Anweisungen auf Augenhöhe gibst. Es wird nicht darüber diskutiert und es gibt keine Ausreden. Du forderst eine bestimme Handlung von deinem Kind ein und es hat diese auszuführen.

Immer wieder wird es zu Situationen kommen, in denen dein Kind dir nicht zuhört und deinen Anweisungen nicht Folge leistet. Jetzt heißt es Ruhe bewahren und die Anweisung wiederholen. Stelle deinem Kind die Frage, ob es dich verstanden hat. Wichtig hierbei ist, dass du dich nach unten beugst, um mit deinem Kind auf Augenhöhe zu sein. Sprichst du mit deinem Kind von oben herab, wird es immer in der Position des Untergebenen sein. Dies kann negative Auswirkungen auf die Entwicklung haben. Zeige deinem Kind Wertschätzung, indem du mit ihm auf Augenhöhe sprichst. Es wird sich an diese Form der Kommunikation gewöhnen und sich selbst als wertvoll ansehen.

Hat dein kleiner Liebling seine Aufgabe erledigt, solltest du ihn natürlich loben. Kinder fordern auch Lob ein. Gibst du deinem Kind eine Anweisung und es hört nicht auf dich, bleibst du ruhig und wiederholst sie. Wichtig ist auch, dass du stets in der Nähe und somit präsent bleibst. Verlässt du den Raum, obwohl dein Kind seine Aufgabe nicht erledigt, denkt es, du hättest es vergessen und wird deinen Aufforderungen nicht nachkommen. Dieses Verhalten sieht auf den ersten Blick einfach aus, doch Konsequenz und Grenzen setzen ist auch für Elternteile ein Lernprozess.

Es ist sehr wichtig, dass dein Kind seine Grenzen kennt und diese auch austestet. Bleibe in jedem Fall konsequent bei deinen Grenzen. Heutzutage muss sich jeder Mensch an Normen und Regeln orientieren. Auch erwachsene Menschen müssen sich an Gesetze und Regeln halten. Lernt dein Kind von klein auf, dass es im Leben Regeln gibt, wird es später mit diesen gut zurechtkommen. Dein Kind wird ein glücklicher Erwachsener, der mit Regeln und Normen umgehen kann.

❖ **Praxisidee und Beispiel zum Kapitel 4.6:**

Oliver ist ein lieber 7-jähriger Junge. Es ist Abend und du bittest Oliver seine Spielsachen aufzuräumen. Du kniest dich vor deinen Sohn hin, sodass du ihm in die Augen sehen kannst und sprichst deine Aufforderung laut aus. Oliver antwortet nicht und wendet sich wieder seinen Spielsachen zu. Du bittest ihn, dir zuzuhören und dir dabei in die Augen zu sehen. Oliver kommt deinem Wunsch nach und du wiederholst dein Anliegen. „Räum bitte deine Spielsachen weg, es gibt gleich Abendbrot." Oliver ignoriert dich. Du fragst ihn, ob er dich verstanden hat und er antwortet dir nur knapp, hat aber keine Lust deiner Anweisung Folge zu leisten. Du wiederholst ein letztes Mal dein Anliegen und änderst deine Tonlage, sodass Oliver merkt, dass du es ernst meinst. Dein Sohn dreht sich um und beginnt seine Spielsachen aufzuräumen. Du hast deinem Sohn auf Augenhöhe erklärt, was du von ihm verlangst und dein Anliegen wiederholt, bis Oliver bereit war, dir zuzuhören und deine Anweisungen zu befolgen. Oliver hat gelernt, dass man mit Menschen ruhig reden kann und nicht zornig werden muss, weil ein anderer nicht sofort macht, was man verlangt.

4.7 Wertschätzung

Kinder brauchen Wertschätzung in jeglicher Form. Ein Kind, das von seinen Eltern nie Lob bekommt, wird auch nicht lernen, selbst jemanden zu loben. Es wird alles als selbstverständlich hinnehmen. Kinder fordern Lob und Wertschätzung ein. „Mama, ich habe ein Bild für dich gemalt. Ist es schön?“ Solche und andere Fragen hat jede Mutter und jeder Vater schon gehört. In diesem Moment möchte dein Kind von dir hören, dass es ein schönes Bild gemalt hat. Es fordert sein Lob ein. Bist du aber ein Elternteil, der sein Kind von sich aus liebt, wird dein Kind dir weniger oft solche Fragen stellen. Es merkt von klein auf, dass es Lob erhält, wenn es etwas gut gemacht hat.

Auch Wertschätzung ist ein wichtiges Detail bei der Erziehung glücklicher Kinder. Sage deinem Kind, dass du es liebst und stolz bist auf seine Leistungen. Das können nur ganz kleine Erfolge, aber auch große Hürden sein, die dein Liebling geschafft hat. Kinderohren brauchen nette Worte. Sie wollen hören, dass sie gut genug sind, so wie sie sind. Kinder wollen wissen, ob die Eltern mit ihnen zufrieden sind. Dieses Bedürfnis kann durch Lob und Wertschätzung befriedigt werden. Dein Kind wird sich dein Verhalten abschauen und auch dich loben. Später wird dein Sohn/deine Tochter sich gleich verhalten. Er/sie hat von dir gelernt, dass es wichtig ist, andere Menschen zu loben.

❖ Praxisidee und Beispiel zum Kapitel 4.7:

Miriam ist 10 Jahre alt und kann schon mal kurze Zeit allein daheimbleiben. Als du von der Arbeit nach Hause kommst, hat Miriam für dich gekocht. Die Küche ist unordentlich und Miriams Kleidung ist mit Essensresten bekleckert. Du siehst dich um und stellst fest, dass eine Menge Arbeit auf dich zukommen wird, doch diesen Gedanken verdrängst du. „Mama ich habe für dich gekocht, damit du mehr Zeit für und hast“, sagt Miriam voller Freude. Du erwiderst ihr Lächeln und freust dich, über ein leckeres Mittagessen. „Das hast du gut gemacht, mein Schatz“, sagst du freundlich. Ihr setzt euch zu Tisch und genießt das Essen. Auch, wenn es nicht perfekt gekocht ist, lobst du deine Tochter. „Das Essen ist ausgezeichnet, Miriam. Ich bin sehr stolz auf dich“, sagst du. Miriam ist sichtlich berührt. Gemeinsam räumt ihr die Küche auf und habt eine Menge Spaß dabei. Miriam hat gelernt, dass sie neue Dinge ausprobieren darf und Lob erhält, weil sie diese gut macht.

4.8 Glückliche Kinder brauchen glückliche Eltern

Dein Kind kann nur dann glücklich werden, wenn auch du glücklich bist. Es kann nur lernen, eine stabile Beziehung zu führen, wenn du ihm zeigst und vorlebst, wie das funktionieren kann. Natürlich wäre es optimal, wenn die Eltern der Kinder zusammenleben, doch das ist nicht immer selbstverständlich. Es gibt genügend alleinerziehende Mütter und Väter, die auch glückliche Kinder haben. Hier liegt das Geheimnis im Umgang miteinander. Trennen sich die Elternteile, sollten sie dennoch ein Vorbild für ihre Kinder sein und versuchen, gut miteinander auszukommen. Zumindest vor den Kindern sollten Eltern niemals streiten. Kinder sind sehr sensibel und jedes Kind reagiert anders auf die Verhaltensweisen der Eltern. Tatsache ist aber, dass Streit und böse Worte für Kinder nie gut sind.

5. Woher du weißt, dass es deinem Kind gut geht

Jeder Elternteil wünscht sich, dass es den eigenen Kindern gut geht und diese glücklich sind. Doch nicht immer ist dies der Fall. Kinder müssen lernen, sich auszudrücken und zu zeigen, wie es ihnen wirklich geht. Das ist für die kleinen Geschöpfe gar nicht so einfach. Ein Kleinkind zu fragen, ob es ihm gut geht, ist zwar eine Möglichkeit, herauszufinden, ob dein Kind glücklich ist, jedoch ist die Aussage nicht immer richtig. Kinder können sich noch nicht so genau ausdrücken, wie Erwachsene dies tun. Es gibt jedoch ein paar Möglichkeiten, zu erfahren, wie es deinem Kind wirklich geht und ob es glücklich ist.

5.1 Beobachte dein Kind beim Spielen

Indem du dein Kind beim Spielen beobachtest, kannst du sehr viel über seinen Gemütszustand herausfinden. Glückliche Kinder sind beim Spielen sehr kreativ. Sie verfügen über eine enorme Fantasie und begeben sich an die unterschiedlichsten Plätze, an denen sie sehr viel erleben. Kinder, denen es gut geht, sind auch während dem Spiel fröhlich und haben Freude daran. Geht es deinem Kind nicht besonders gut, wird sich dies auch im Spiel deutlich zeigen. Dein Kind wird eher dazu neigen, dass es Aggression ins Spiel bringt. Bäume stürzen um, Autos haben Unfälle oder Männer prügeln sich. Solche Fantasien von Kindern sollten ernst genommen werden, denn du kannst davon ausgehen, dass es deinem Kind nicht besonders gut geht.

Irgendetwas wird dein Kind beschäftigen oder es muss etwas Erlebtes verarbeiten.

5.1.2 Was tun, wenn du merkst, dass es deinem Kind nicht gut geht

Oft ist es schwierig, herauszufinden, was deinem Kind gerade nicht passt. Warum geht es deinem Kind in diesem Moment nicht gut? Merkst du, dass es traurig ist oder ein auffälliges Verhalten während dem Spielen zeigt, solltest du behutsam vorgehen. Steige ins Spiel ein und erzähle deinem Kind durch die Spielfigur, wie es dir gerade geht. Du könntest ein Männchen in die Hand nehmen und von deinem Tag erzählen. Schon bald wird dein Kind in dieses Spiel einsteigen und auch dir von seinem Erlebten erzählen. Nun kannst du dich immer weiter vortasten, um zu erfahren, was dein Kind gerade traurig oder wütend macht.

5.2 Hör deinem Kind aufmerksam zu

Kinder sind sehr gute Gesprächspartner. Sie erzählen alles so, wie sie es tatsächlich meinen und nehmen kein Blatt vor den Mund. Zumindest bei Kleinkindern ist dies oft der Fall. Sie sind sehr ehrlich. Dein Liebling wird dir von ganz alleine sagen, was ihm nicht passt. Bei größeren Kindern ist die Situation etwas anders. Diese könnten sich verschließen oder dir viele Dinge nur durch die Blume mitteilen. Jetzt ist es wichtig, auch zwischen den Zeilen lesen zu können. Es gibt typische Sätze, die dein Kind äußert, wenn es dir etwas mitteilen möchte. Du solltest aufmerksam darauf achten, was dein Kind im Alltag zu dir sagt. Es kann sein, dass dein Sohn/deine Tochter dir direkt unterschiedliche Sätze an den Kopf wirft. Es ist aber auch möglich, dass dein Kind das einfach so nebenbei erwähnt.

5.2.1 Ich bin müde

Ein typischer Satz, den Kinder und Jugendliche sagen, wenn es ihnen nicht gut geht: Ich bin müde. Müde zu sein, ist in so ziemlich jedem Alter normal und keiner macht sich wirklich Gedanken darüber, wenn ein Kind so etwas äußert. Ist dies aber öfter der Fall, kann das ernsthafte körperliche sowie psychische Ursachen haben. Müdigkeit kann natürlich daher kommen, dass dein Kind zu wenige Ruhephasen einhält. Vor allem in der Pubertät bleiben Mädchen und Buben gerne lange wach und kommen morgens nicht aus dem Bett. Daher solltest du zuerst die Schlafenszeit deines Kindes genau beobachten. Dein Kind sollte im Jugendalter noch vor Mitternacht im Bett sein, denn ein erholsamer Schlaf ist wichtig für den nächsten Tag.

Hast du aber das Gefühl, dass dein Kind genügend Schlaf bekommt, sollte man weitere Gründe für die andauernde Müdigkeit ausschließen. Eine körperliche Untersuchung sollte gemacht werden, denn es könnte Eisenmangel als Symptom dahinterstecken. Ist dies auch nicht der Fall, ist es möglich, dass es deinem Kind psychisch nicht gut geht. Du solltest das Gespräch mit deinem Kind suchen und ihm gut zureden. Müdigkeit ist ein sehr häufiges Anzeichen dafür, dass dein Kind Kummer hat.

5.2.2 Ich habe Bauchschmerzen

Bauchschmerzen können natürlich von schlechtem Essen oder Blähungen kommen. Doch nicht immer sind es körperliche Ursachen, die Bauchweh auslösen. Erwachsene haben oft Magenprobleme, wenn sie Stress oder Kummer haben. Genauso verhält es sich auch mit dem kleineren Körper. Bereits Kleinkinder haben Bauchweh, wenn es ihnen nicht gut geht. Von klein auf schlagen Probleme auf den Magen und auf den Darm.

Du solltest daher darauf achten, wie oft dein Kind äußert, dass es Bauchweh hat. Hat es jeden Morgen Bauchschmerzen, kann ein Problem in der Schule oder in der Kindertagesstätte vorliegen. Hat dein Kind immer abends Bauchweh, kann es Angst vor der Nacht haben. Zuerst ist es wichtig, dass körperliche Ursachen ausgeschlossen werden. Erst dann, kannst du genau beobachten, ob Bauchschmerzen nur an bestimmten Tagen oder zu gewissen Zeiten auftreten. Hast du dies eine Zeitlang beobachtet, kannst du dein Kind darauf ansprechen und ein behutsames Gespräch führen.

Meist öffnen sich Kinder und auch Jugendliche recht schnell, wenn man ihnen das Gefühl gibt, dass man sich für sie interessiert. Sagst du deinem Liebling, dass du bereits eine Zeitlang beobachtet hast, dass das Bauchweh immer morgens auftritt, wird dein Kind sich sicher sein, dass du auf es achtest. Dein Liebling wird die Gewissheit haben, dass Mama oder Papa genau beobachten und sich Sorgen machen. Spätestens dann steht einem Gespräch nichts mehr im Wege.

5.2.3 Die Dunkelheit macht mir Angst

Angst in dunklen Räumen gehört zum normalen Entwicklungsprozess eines Kindes dazu. Allerdings sollte die Zeit der Angst erst ab dem 3./4. Lebensjahr auftreten und nicht länger als bis zum 9. Lebensjahr anhalten. In dieser Zeit ist es wichtig, dass du deinem Kind beibringst, wann eine wirkliche Gefahr besteht und wann es sich um eine vermeintliche Gefahr handelt. Wenn es Angst vor dem Monster am Fenster hat, dann ist diese Angst in diesem Moment für dein Kind real. Das Monster kann deinem Kind aber nichts antun, da es draußen am Fenster sitzt und nicht durch das geschlossene Fenster ins Zimmer kommen kann.

Hier gibt es sehr viele Strategien, die deinem Kind helfen können, die Angst zu vertreiben. Du kannst ein Monsterspray basteln und immer wieder Feenstaub durchs Zimmer sprühen. Die Monster werden ferngehalten und dein Kind kann in Frieden schlafen. Ist dein Kind aber bereits älter und hat Angst im Dunkeln, solltest du diese Angst hinterfragen. Meist hat dein jugendliches Kind keine Angst vor den Dingen, die sich im Raum befinden. Die Angst besteht nur darin, dass Kinder zu viel nachdenken.

In der Dunkelheit werden sie durch nichts abgelenkt und müssen sich mit sich selbst beschäftigen. Viele Gedanken gehen deinem Teenager durch den Kopf. Das macht deinem Liebling Angst und du solltest hilfsbereit zur Seite stehen. Ein Gespräch jeden Abend vor dem Schlafengehen kann deinem Kind helfen, seine Gedanken zu ordnen und anschließend ruhig zu schlafen.

5.3 Beobachte das Verhalten deines Kindes

Dein Kind im Alltag zu beobachten, kann Aufschluss darüber geben, wie es sich fühlt. Hat dein Kind immer gut gegessen und verweigert plötzlich die Mahlzeiten, wird es ihm nicht gut gehen. War dein Kind immer sehr fröhlich und hat viel gelacht und plötzlich findet es gar nichts mehr lustig, solltest du dieses Verhalten hinterfragen. War dein Kind immer sehr aufgeschlossen und zieht sich jetzt nur noch in sein Zimmer zurück, ist auch dies ein Anzeichen dafür, dass dein Kind etwas belastet.

Du kennst dein Kind und weißt am besten, wie es sich verhält. Legt es plötzlich andere Verhaltensweisen an den Tag, solltest du dir Gedanken darüber machen, was dein Kind belasten könnte. Ein Gespräch kann hier der Ausweg sein. Bei Jugendlichen ist es ganz einfach ein Gespräch zu beginnen und meist freuen sich die Kinder über die Aufmerksamkeit, die sie bekommen. Jugendliche sind oft für Gespräche bereit, wenn sie das Gefühl haben, ernst genommen zu werden.

Kleinkinder äußern ihren Frust noch deutlicher. Sie stampfen mit dem Fuß, beginnen zu weinen oder ballen die Hände zu Fäusten. Auch mit einem Kleinkind kannst du über seine Gefühle sprechen. Wichtig hierbei ist, dass du es ernst nimmst und auch diese Gefühle zulässt. Spiele die Probleme deines Kindes nicht herunter und zeige ihm, dass du es verstehst.

6. Kinder brauchen Liebe und Geborgenheit

Kinder und auch Jugendliche brauchen viel Liebe und Geborgenheit. Jugendliche zeigen das zwar nicht so, wie Kleinkinder es tun, brauchen aber meist noch viel mehr als die Kleinen. Liebe und Geborgenheit sind der Grundstein der Erziehung zu einem glücklichen Kind. Nur wer seinem Kind Liebe gibt, kann auch ein glückliches, zufriedenes Kind erziehen. In der heutigen Gesellschaft ist dies aber nicht immer selbstverständlich und viel Mütter und Väter fühlen sich durch die Gesellschaft unter Druck gesetzt.

Kinder müssen funktionieren. Sie müssen Regeln und Grenzen kennen. Ohne Disziplin kommen Kinder im Leben nie weiter. So viele Sätze hört man von Menschen, die meist keine Kinder haben. In Wirklichkeit ist aber genau das Gegenteil der Fall. Kinder brauchen natürlich Regeln und Grenzen, aber auf liebevolle Art und Weise beigebracht. Kinder brauchen Disziplin, was nicht bedeutet, dass sie immer funktionieren müssen. Um die Psyche des Kindes nicht zu schädigen und die kleinen Wesen zu glücklichen Erwachsenen zu erziehen, braucht es vor allem Liebe und Geborgenheit.

Nicht immer ist es einfach, sich an die Regel zu halten, dass das Kind Liebe braucht. Kinder können so manche Elternteile in den Wahnsinn treiben und das ist auch gut so. Eltern lernen durch die Kinder und Kinder lernen vom Verhalten der Eltern. Gibst du deinem Kind Liebe, wird es auch mit Liebe antworten. Doch auch in dem Moment, in dem du dein Kind rügst, soll es spüren, dass du es liebst.

6.1 Liebe und Nähe sind die Grundlage einer guten Erziehung

Bereits Säuglinge fordern ein, dass ihr Bedürfnis nach Liebe und Nähe gestillt wird. Ein Säugling äußert dies durch schreien. Eine Mutter spürt und weiß, wann ihr Baby Hunger hat, gewickelt werden möchte oder einfach nur Nähe braucht. Die Nähe zur Mutter ist das A und O, um ein glücklicher Erwachsener zu werden. Auch Kleinkinder brauchen sehr viel Liebe. Diese holen Sie sich, indem sie mit Papa oder Mama kuscheln. Vor allem die Mutter ist im Kleinkindalter meist die wichtigste Bezugsperson. Feste Kuschelzeiten sollten in den Tagesablauf integriert werden. Du könntest dir in der Früh den Wecker eine halbe Stunde früher stellen, sodass du noch genügend Zeit für Kuscheleinheiten mit deinem Kind hast. So kann dein Liebling in einen guten Tag starten und spürt schon in aller Früh, wie sehr du ihn liebst.

Auch am Abend kannst du mit deinem Kind kuscheln, wenn du es zu Bett bringst. Für Kleinkinder sind diese Kuschelzeiten sehr wichtig, denn sie spüren die Liebe nur über Körperkontakt. Ein Mensch, der im Kleinkindalter bereits viel Liebe erfahren hat, wird auch später Liebe geben können. Er wird ein empathischer erwachsener Mensch werden. Auch größere Kinder bis zum Jugendalter brauchen Liebe und Nähe in Form von Körperkontakt.

Doch wie sieht es im Jugendalter an sich aus? Jugendliche sind oft bockig, zickig und sehr in sich gekehrt. Das ist der normale Lauf des Lebens und gehört zur Pubertät einfach dazu. Doch auch dein jugendliches Kind benötigt sehr viel Liebe und Nähe.

Mädchen neigen eher dazu, sich diese Liebe von der Mutter zu holen. Sie fordern Umarmungen und tröstende Worte ein. Jungs sind oft zurückhaltender, was zu größtem Teil an der heutigen Gesellschaft liegt. Ein Mann darf nicht weinen und ein Indianer kennt keinen Schmerz. Diese Sätze hört man oft, wenn es um die Erziehung eines Jungen geht.

Bedenke aber, dass dein Sohn noch kein Mann ist und er sich auch nicht wie ein Indianer verhalten muss. Bringst du deinem Jungen von klein auf bei, dass es in Ordnung ist, Gefühle zuzulassen, wird er dies auch in der Pubertät machen. Egal, ob Wut oder Liebe – Dein Sohn hat genauso viele Gefühle und Emotionen wie deine Tochter. Zeige deinem Sohn ebenfalls, dass du ihn liebst. Umarme ihn am Morgen, bevor er das Haus verlässt und schenke ihm abends etwas von deiner Zeit. Sag ihm, dass du ihn liebst, bevor er sich in sein Zimmer zurückzieht. Jungs kommen dann ganz von selbst und fordern die Nähe ein, die sie brauchen.

Heutzutage wird oft übersehen, dass Jugendliche meist genauso viel Liebe brauchen wie kleine Kinder. Jugendliche wirken oft sehr selbstständig und wollen sich erwachsen verhalten. In Wirklichkeit sind sie aber noch genauso Kinder, wie sie vor vielen Jahren noch waren: Kinder, die Liebe, Nähe und Geborgenheit suchen und diese auch bekommen sollten.

❖ Praxisidee und Beispiel zum Kapitel 6.1:

Dominik ist 15 Jahre alt. Er ist ein echter Rabauke und hat für „mädchenhaftes“ Verhalten nichts übrig. Du umarmst deinen Sohn jeden Morgen, bevor er in die Schule geht. Für Dominik ist dies ein Ritual, das er von klein auf kennt. Es ist normal für ihn, dass du dies tust. Abends sitzt Dominik oft in seinem Zimmer, denn er hat keine Lust mehr, bei dir im Wohnzimmer zu sein. Eines Abends kommt Dominik zu dir und fragt, ob ihr gemeinsam einen Film ansehen könntet. Dominik kuschelt sich neben dich auf das Sofa und Arm in Arm seht ihr euch den Film an. Dominik hat von klein auf von dir gelernt, dass es in Ordnung ist, seine Bedürfnisse einzufordern. Auch heute noch kommt er auf dich zu, wenn er Liebe benötigt. Dies würde er vor seinen Freunden nie zugeben, doch tief im Inneren ist Dominik immer noch dein kleines Kind.

6.2 Vertrauen und emotionale Sicherheit

Auch das Vertrauen ist für Kinder jeden Alters sehr wichtig. Babys müssen sich darauf verlassen können, dass Mama und Papa da sind, wenn sie etwas brauchen. Viele ältere Menschen sind der Meinung, dass man ein Baby doch auch mal weinen lassen kann, denn man muss ja nicht bei jedem Quietschen des Babys hüpfen. Diese Einstellung ist leider weit verbreitet, aber laut vieler Psychologen sehr schädlich für die Entwicklung des Kindes.

Ein Baby weint nicht, um seine Eltern zu ärgern, sondern weil es ein Bedürfnis hat, das gestillt werden sollte. Ein Baby schläft nicht ein, weil man es weinen lässt. Viele Menschen denken, dass Babys so schlafen lernen, doch diese Annahme ist falsch. Babys resignieren irgendwann. Sie weinen, weil dies das natürliche Verhalten ist. Kommt die Mutter aber nicht auf das Baby zu, resigniert es irgendwann, weil es mit dem Weinen nichts erreicht. Das kleine Wesen gibt auf und schläft vor Erschöpfung ein. Muss das Baby diese Erfahrung mehrere Tage machen, wird es sich irgendwann nicht mehr die Mühe machen, jemanden zu rufen. Es wird einschlafen, weil es weiß, dass Mama und Papa sowieso nicht kommen. Dies zerstört das Urvertrauen der Kinder und stört die natürliche Mutter-Kind-Bindung.

Genauso verhält es sich auch im Kleinkindalter. Dein Kind möchte Aufmerksamkeit und ruft dich. Mittlerweile kann dein Kind sprechen und muss nicht mehr weinen. Egal, ob Tag oder Nacht – dein Kind braucht dich immer wieder. Merkt es aber, dass du sowieso keine Zeit hast, wird es irgendwann aufgeben, dir etwas zeigen zu wollen. Auch bei Jugendlichen ist dieses Verhalten zu beobachten. Schenkst du deinem Liebling nicht die notwendige Aufmerksamkeit, wird er sich zurückziehen.

Vertrauen ist eines der wichtigsten Dinge, die du deinem Kind mit auf den Weg geben solltest. Es muss sich darauf verlassen können, dass du zu jeder Tages- und Nachtzeit für dein Kleines da bist. Damit solltest du bereits im Babyalter beginnen. Schenke deinem Säugling das Vertrauen, dass du jederzeit kommst, wenn er dich ruft. Auch Kleinkinder brauchen dieses Vertrauen. Sie fordern es ein und stellen dich immer wieder auf die Probe.

Manchmal rufen kleine Kinder nach dir, nur um zu sehen, ob du antwortest. Größere Kinder fordern dies ebenso ein und stellen dich oft auf die Probe. Versprich daher nie etwas, das du nicht halten kannst. Auch bei Jugendlichen ist die Situation ähnlich. Wenn du etwas versprichst, das du nicht halten kannst, ist das

Vertrauen sehr schnell weg und du musst es dir neu erarbeiten. Versuche daher, dein Kind nicht zu enttäuschen.

Auch die emotionale Sicherheit ist sehr wichtig. Das bedeutet, dass dein Kind immer so sein darf, wie es ist. Ist dein Kind zornig, sollte es diese Gefühle zeigen dürfen. Auch ein trauriges Kind, sollte dies äußern dürfen. Du als Mutter/Vater bist der sichere Hafen, in dem dein Kind so sein darf, wie es möchte. Du verstehst dein Kind und dein Liebling vertraut dir, dass du nicht böse oder enttäuscht bist, wenn das Kleine einmal zornig ist.

Kinder zeigen nur dann ihre wirklichen Gefühle, wenn sie sich sicher sind, dass niemand böse ist. Dies ist die emotionale Sicherheit, die ein Kind braucht. Es weiß, dass es geliebt wird, auch wenn es nicht gut gelaunt ist. Dies ist nicht nur im Kleinkindalter, sondern auch in der Jugendzeit sehr wichtig. In dieser Zeit durchlebt dein Kind sehr viele unterschiedliche Emotionen. Es kann noch nicht mit allen Gefühlen gleich gut umgehen.

Dein Liebling braucht die Sicherheit, dass du ihn immer bedingungslos liebst. Zeigst du dies deinem Kind, wird es auch später ein glücklicher Erwachsener werden, der seine Gefühle zeigen kann und diese unter Kontrolle hat. Es macht keinen Sinn, wenn dein Kind sich verstellen muss. Bei dir soll es so sein können wie es möchte und alle Emotionen zeigen dürfen. Dies ist ein wichtiger Grundstein, um dein Kind zu einem glücklichen Menschen zu erziehen.

❖ **Praxisidee und Beispiel zum Kapitel 6.2:**

Dennis, dein 13-jähriger Sohn, möchte den neuen Kinofilm ansehen. Du versprichst ihm, dass ihr am Wochenende ins Kino geht. Der Samstag rückt immer näher und ein wichtiger Termin kommt dir dazwischen. Jetzt hast du zwei Möglichkeiten. Du kannst Dennis sagen, dass du nicht mit ihm ins Kino gehen kannst, was ihn furchtbar enttäuschen wird. Eine Alternative dazu wäre, dass du Dennis einen anderen Vorschlag machst. Biete ihm Wahlmöglichkeiten an. „Sollen wir am Sonntag ins Kino gehen oder möchtest du stattdessen mit Papa oder einem Freund am Samstag ins Kino?", fragst du. Dennis kann sich nun entscheiden, wann und mit wem er den Kinofilm sehen möchte. In dieser Situation hast du Dennis nicht enttäuscht. Du hast ihm Alternativen angeboten und schenkst ihm Vertrauen, dass er selbst entscheiden kann. Er wiederum vertraut dir weiterhin, weil du ihn nicht belogen hast. Du warst ehrlich zu deinem Sohn und gibst ihm Freiraum, um selbst Entscheidungen zu treffen.

6.3 Anerkennung und Wertschätzung

Jeder Mensch braucht Anerkennung. Egal, ob in der Arbeit oder im privaten Bereich – Anerkennung und Wertschätzung sind wichtig, um eine gute Leistung zu erbringen. Bei Kindern verhält es sich nicht anders. Schon sehr kleine Kinder wollen Anerkennung für das, was sie tun. Malen sie ein hübsches Bild, möchten sie, dass du ihnen sagst, dass sie dies gut gemacht haben.

Größere Kinder wollen Wertschätzung für die Leistungen, die sie in der Schule erbringen. Bringt dein Sohn/deine Tochter eine gute Note nach Hause, möchte er/sie dafür gelobt werden. Kinder fordern die benötigte Anerkennung ein und das ist auch gut so. Dein Kind muss lernen, sich selbst zu mögen und zu lieben. Dies kann es nur, indem du ihm die notwendige Wertschätzung entgegenbringst. Du solltest dein Kind so annehmen wie es ist, mit allen Ecken und Kanten. Natürlich darfst du gewisse Verhaltensweisen kritisieren, du solltest jedoch dein Kind nie als Person angreifen. Gib ihm stets das Gefühl, dass es viel wert ist. Dein Kind muss spüren, dass du es genauso liebst und schätzt wie es ist. Nur dann kann dein Kind sich selbst lieben und das nötige Selbstvertrauen aufbauen.

Selbstvertrauen ist sehr wichtig, damit dein Kind gesund und glücklich ist und bleibt. Selbstvertrauen und Selbstbewusstsein sollte jedem Kind von klein auf aus dem Elternhaus mit auf den Weg gegeben werden. Kinder wollen von anderen gemocht werden. Vor allem von den Eltern. Dies zeigen und sagen viele Kinder. Nur, wenn dein Kind über eine ordentliche Portion Selbstvertrauen verfügt, wird es sich und andere Kinder mögen. Dein Sohn/deine Tochter wird sich viel mehr zutrauen, wenn du ihn/sie in seinem/ihrem Tun bestärkst. Schenke deinem Kind stets Anerkennung und Wertschätzung, um es zu einem glücklichen Erwachsenen zu erziehen.

6.4 Verwöhnen ist keine Liebe

Viele Eltern verwechseln Liebe mit Verwöhnen. Besser gesagt, wissen viele Elternteile nicht, wie sie ihrem Kind die nötige Liebe und Geborgenheit geben können. Ein Kind, das alles hat, ist nicht automatisch ein glückliches Kind. Kinder wollen

Spielzeuge haben, weil Kinder grundsätzlich alles haben wollen, was sie sehen. Viele Elternteile glauben, dass sie ihrem Kind etwas Gutes tun, wenn sie ihm jeden Wunsch von den Lippen ablesen. Dies ist aber nicht richtig. Kinder wollen nicht nur Dinge – Sie wollen Liebe und Geborgenheit. Man kann sich die Liebe eines Kindes theoretisch für eine gewisse Zeit erkaufen, aber langfristig macht das keinen Sinn.

Wenn du deinem Kind jeden Wunsch erfüllst, hat das mehrere Nachteile. Dein Kind lernt von dir, dass man Liebe nur durch Dinge zeigen kann. Dadurch wird es sehr materiell eingestellt sein, wenn es älter wird. Es wird immer denken, dass es nur geliebt wird, wenn es Geschenke bekommt. Außerdem wird dein Kind sehr schnell unzufrieden und nicht mehr glücklich sein. Dein Liebling wird die kleinen Dinge des Lebens nicht mehr schätzen können und immer mehr wollen. Dies wird auf längere Zeit gesehen zu einem Problem.

Kleine Kinder wünschen sich oft nur kleine Dinge, doch auch dein Kind wird älter. Je größer das Kind wird, umso größer werden auch die Wünsche. Irgendwann wirst du diese vielleicht nicht mehr erfüllen können und dein Kind wird sich ungeliebt fühlen. Daher ist es wichtig, dass du ihm von klein auf beibringst, wie man Liebe und Geborgenheit zeigt, nämlich nicht durch Materialien.

Verwöhnst du dein Kind aber immer mehr, indem du ihm alles kaufst, was es möchte, wird sich dein Kind als Erwachsener auch so verhalten. Es wird versuchen, sich die Liebe anderer Menschen zu erkaufen. Da dies natürlich nicht funktionieren wird, wird es früher oder später sehr unglücklich werden. Dein

Kind lernt, dass man Gefühle nicht zeigen muss, denn dieselbe Wirkung erzielt man mit Materialien.

Zeige deinem Kind daher, wie man Liebe und Geborgenheit vermittelt. Nutze die Zeit für Umarmungen und konzentriere dich nur auf dein Kind. Lege dein Handy zur Seite, wenn du mit ihm sprichst und zeige, dass es jederzeit zu dir kommen kann, wenn es das Bedürfnis hat. Nur so kann dein Kind lernen, dass Liebe und Geborgenheit im Leben wichtig sind, um glücklich zu werden.

❖ Praxisidee und Beispiel zum Kapitel 6.4:

Alina ist ein aufgewecktes Mädchen, das von dir alles bekommt, was es möchte. Ihr seid gut situiert und du kannst es dir leisten, Alina jeden Wunsch von den Lippen abzulesen. Sie wird älter und hat das Alter der Pubertät erreicht. 12 Jahre alt und ständig unzufrieden. Du fragst dich, warum deine Tochter nie zufrieden ist, obwohl sie alles hat, was sie möchte. Du arbeitest viel und hast nur wenig Zeit. Dafür bekommt Alina aber alles, wovon sie träumt. Du kannst dir nicht erklären, was mit deinem Kind los ist. Alina hat tatsächlich viel, aber nicht alles, was sie möchte, denn Alina braucht Zeit mit dir. Sie hat nicht das Gefühl, dass du sie liebst, nur weil du ihr viele schöne Dinge kaufst. Alina möchte deine Liebe spüren und wissen, dass du immer für sie da bist. Kauf Alina weniger Dinge und verbringe stattdessen ein wenig Zeit mit ihr. Schnell wird sich ihre Gemütslage verändern und sie wird glücklicher sein.

7. Wie dein Kind zum Optimisten wird

Jeder Elternteil wünscht sich, dass das eigene Kind ein glücklicher Erwachsener wird. Daran arbeitet jede Mutter und jeder Vater sehr hart. Um dein Kind glücklich und stark für das Leben zu machen, solltest du ihm eine gehörige Portion Optimismus mitgeben. Natürlich wird kein Mensch als Optimist geboren, doch die Art und Weise, wie man sein Kind erzieht, hat erheblichen Einfluss darauf, ob das Kind das Glas als halbvoll oder halbleer bezeichnet. Eine positive Lebenseinstellung hilft deinem Kind mit Schwierigkeiten besser umgehen zu können. Aber wie kannst du es schaffen, dass dein Kind ein Optimist wird? Was ist in der Erziehung wichtig, damit dein Kind eine positive Lebenseinstellung erhält?

7.1 Was ist Optimismus?

Um dein Kind zu einem Optimisten zu erziehen, musst du erst einmal wissen, was ein Optimist ist und wie dieser lebt. Kurz gesagt ist ein Optimist ein Mensch, der das Leben positiv sieht. Das erkennst du daran, wie ein Mensch seine Erfahrungen beurteilt. Passiert beispielsweise ein Unglück, egal welcher Form, wird der Pessimist sagen, dass alles umsonst ist und sich das Kämpfen nicht lohnt. Er wird sich fragen, warum die Dinge ausgerechnet ihm passieren und warum es immer ihn trifft.

Ein Optimist wird die Situation anders beurteilen. Er wird sagen, dass es eine Lebenserfahrung war und das Beste daraus machen. Ein Optimist erkennt in jeder Erfahrung etwas Positives und lernt aus den Situationen. Daher solltest du dein Kind zu einem

Optimisten erziehen. Optimisten sind glücklicher im Leben. Sie sind nicht reicher oder gesünder als andere Menschen, aber sie können mit Misserfolgen besser umgehen und lassen sich nicht so schnell unterkriegen. Optimisten erwarten stets das Beste von sich und von den Menschen in ihrer Umgebung. Sie verfügen über ein hohes Selbstwertgefühl, weshalb sie emotional stabiler sind als andere Menschen. Solch ein Verhalten und die positive Einstellung muss der Mensch von Geburt an lernen, denn später wird ein Mensch kaum noch zum Optimisten.

7.2 Optimismus – angeboren oder anerzogen?

Forscher gehen davon aus, dass etwa 25 % der positiven Einstellung angeboren ist. Kein Mensch kommt als Optimist oder Pessimist auf die Welt. Dennoch prägen bereits die Erfahrungen während der Schwangerschaft das kleine Wesen. Hat die Mutter nur Schlechtes erlebt und somit viel Stress in der Schwangerschaft, überträgt sich dies auf das Ungeborene. Dies hat zur Folge, dass das Baby unglücklicher zur Welt kommt als andere Babys. Dennoch müssen die Eltern auch bei glücklich geborenen Kindern jede Menge arbeiten leisten, um sie zu einem Optimisten zu erziehen. Fakt ist daher, dass Optimisten erzogen werden und zwar von Geburt an.

7.3 Eine positive Lebenseinstellung vermitteln

Die Erziehung eines Optimisten beginnt mit dem Augenblick der Geburt. In den Tagen und Wochen nach der Geburt baut das Baby sein Urvertrauen auf. Das bedeutet, dass der Säugling sich relativ schnell merkt, ob seine Rufe erhört werden oder nicht.

Schreit dein Baby und du ignorierst dies, wird es kein Urvertrauen aufbauen können. Dies ist aber wichtig, um eine positive Lebenseinstellung zu bekommen.

Wird dein Kind aber liebevoll behütet und umsorgt, kann es sich ein positives Bild von der Welt machen. Es lernt, dass seine Bedürfnisse gestillt werden und bekommt so mehr Selbstvertrauen. Ist das Urvertrauen einmal gestört, kann es nicht wieder aufgebaut werden. Ignoriert eine Mutter das Baby nach der Geburt und versorgt es nur mit Nahrung, damit das Baby überlebt, kann das später nicht wiedergutgemacht werden. Dessen sollte sich jede Mutter und jeder Vater bewusst sein.

7.4 Kleinkinder und die positive Einstellung zum Leben

Hat ein Baby das nötige Urvertrauen nicht aufgebaut, kann es dies auch im Kleinkindalter nicht mehr erlernen. Ist ein Säugling aber behütet und liebevoll umsorgt worden, kann er auch weiterhin positiv denken. Im Kleinkindalter kommt der erste große Schritt auf das Kind zu. Dein Liebling wird in die Kita gehen und mit anderen Kindern zu tun haben. Nun ist die Zeit gekommen, die zeigt, ob das Urvertrauen gefestigt oder gestört wird.

Wird dein Kind oft gehänselt und von anderen Kindern ausgeschlossen, kann dies einen enormen Einfluss auf das Selbstwertgefühl und die positive Lebenseinstellung nehmen. Muss dein Kind solch eine Erfahrung machen, ist es wichtig, dass du es auffängst. Zu Hause sollte sich dein Kind sicher und behütet fühlen. Lehre deinem kleinen Schatz, dass er wertvoll ist und sich nicht unterkriegen lassen soll. Die Erziehung ist gerade in diesem Alter sehr schwierig, denn einerseits solltest du dein Kind behüten, aber andererseits ist der Zeitpunkt gekommen, an dem dein Schatz lernen muss, mit Problemen selbst fertig zu werden. Unterstütze dein Kind so gut es geht, aber nimm ihm nicht alles ab.

Hat dein Kind ein gutes Urvertrauen aufgebaut und kommt in der Kita bei anderen Kindern gut an, wird sich sein Selbstbewusstsein weiter aufbauen. Das bedeutet, dass es seine positive Lebenseinstellung behält und weiterhin glücklich sein wird. Bringe deinem Kind in diesem Fall den richtigen Umgang mit Problemen bei. Dein kleiner Liebling ist jetzt bereit, sich selbst um kleinere Missgeschicke zu kümmern.

❖ Praxisidee und Beispiel zum Kapitel 7.4:

John ist 5 Jahre alt. Er geht in die Kita und du holst ihn wie jeden Nachmittag ab. John wirkt heute sehr betrübt und auf dem Weg nach Hause erzählt er dir, dass er einen Streit mit seinem Freund hatte und dieser ihn nicht mehr mitspielen ließ als sie im Hof waren. Zu Hause setzt du dich mit John ins Wohnzimmer und er erzählt dir alles ganz genau. Du hinterfragst den Streit und wie John sich gefühlt hat. Dein Sohn öffnet sich und verrät dir, dass er sehr traurig ist. Du hilfst John, indem du ihm erklärst, was er morgen tun sollte. „Geh auf deinen Freund zu und entschuldige dich bei ihm. Auch wenn du der Meinung bist, dass sein Verhalten nicht in Ordnung war, solltest du dich für dein Verhalten entschuldigen. Dein Freund kann dann nicht mehr anders, als dir zu verzeihen und wieder mit dir zu spielen.“ John freut sich und setzt den Plan am nächsten Tag in die Tat um. Ganz stolz kommt er nach Hause und erzählt dir davon. Du warst deinem Sohn eine große Hilfe, aber hast ihn alles alleine machen lassen. So kann John lernen, dass er auch alleine Hürden bewältigen kann.

7.5 Das Jugendalter

In der Pubertät kommt nochmal eine schwierige Phase auf dein Kind zu. Ist dein Kind behütet aufgewachsen, wird es sich leichter tun, mit diversen Rückschlägen umzugehen, die die Pubertät so mit sich bringt. Die erste Liebe, harte Arbeit in der Schule oder auch wahre Freundschaft kennenlernen sind Erfahrungen, die die meisten Kinder erst im Jugendalter machen.

Während der Pubertät kann dein Kind alles schwarzsehen. Vom kleinen Optimisten ist nicht mehr viel übrig, doch das ist auch gut so. Dein Kind muss lernen, mit Emotionen und Gefühlen umzugehen. Versuche deinen Sohn/deine Tochter dennoch positiv zu beeinflussen. Dies klappt meist mit einem Gespräch. Hebe die positiven Dinge des Tages hervor und sprich mit deinem Kind darüber.

Die erste Liebe zu verlieren ist oft sehr hart für Teenager, vor allem für Mädchen. Du kannst deiner Tochter dabei helfen, dieses Erlebnis zu verarbeiten und ihr zeigen, dass es auch noch viele andere liebenswerte Männer auf der Welt gibt. Erkläre ihr, dass es einen Sinn hat, warum alles so kommt, wie es kommt. Auch wenn deine Tochter in diesem Moment nichts Positives erkennen kann – irgendwann wird sie verstehen wovon du sprichst.

❖ **Praxisidee und Beispiel zum Kapitel 7.5:**

Denise ist 14 Jahre alt und heute sehr betrübt. Sie hat eine sechs in der Mathearbeit geschrieben und ist entsprechend schlecht gelaunt, als sie nach Hause kommt. Natürlich erzählt sie dir davon, in ihren ganz eigenen Worten. „Der Tag ist scheiße“, könnte eine Phrase sein. Sprich mit deiner Tochter über ihren Tag. „Was hast du heute sonst noch erlebt?“, fragst du und Denise erzählt dir alles. Du erkennst viele positive Dinge, die sie erlebt hat und zeigst ihr diese auf. „Du hattest Spaß mit deinen Freundinnen. Du hast ein gutes Pausenbrot gegessen und du hast Lob von deiner Deutschlehrerin bekommen. Wie du siehst, hast du heute auch sehr viele positive Dinge erlebt. Die Mathenote besserst du in der nächsten Arbeit aus“, sagst du. Denise ist sofort besser gelaunt, denn auch sie hat gesehen, dass der Tag nicht schlecht ist, nur weil eine schlechte Note geschrieben wurde. Dein Verständnis zeigt Denise, dass sie auch Fehler machen darf und auf jeden Regen Sonnenschein folgt.

7.6 Was du in der Erziehung tun kannst

Wie bereits erwähnt, beginnt die Erziehung eines Optimisten bereits direkt nach der Geburt. Es gibt einige Dinge, die du in der Erziehung tun kannst, um deinem Kind eine positive Lebenseinstellung mit auf den Weg zu geben.

7.6.1 Konzentriere dich auf die Stärken deines Kindes

Deinem Kind immer nur seine Schwächen aufzuzeigen, wird es sehr schnell in einen Pessimisten verwandeln. Es wird denken, dass es sowieso nichts richtig machen kann. Zeigst du deinem Kind aber immer seine Stärken auf, baust du sein Selbstbewusstsein erheblich auf. Lobe dein Kind möglichst oft, wenn es etwas gut gemacht hat. Arbeite nur mit den Stärken deines Kindes, denn so entwickelt es auch ein sehr gutes Selbstvertrauen. Dein Liebling wird mit der Zeit in vielen Dingen immer besser und auch die Angst vor neuen Dingen hält sich in Grenzen.

Gibst du deinem Kind genügend Selbstvertrauen mit auf den Weg, wird es auch vor neuen Aufgaben und Herausforderungen keine Angst haben und diese besser meistern. Auch die Talente deines Lieblings solltest du fördern. Kann dein Kind gut zeichnen, besuche mit ihm einen Malkurs. Ist dein Kind musikalisch begabt, könntet ihr gemeinsam ein Musikinstrument lernen. Die Talente deines Kindes zu fördern, baut ebenfalls das Selbstbewusstsein auf.

❖ **Praxisidee und Beispiel zum Kapitel 7.6.1:**

Richard kommt von der Schule nach Hause und zeigt dir sein Deutschheft. Du siehst sofort, dass seine Schrift die reinste Katastrophe ist. Nur schwer kannst du alle Buchstaben entziffern und der Lehrer/die Lehrerin hat dies auch im Heft vermerkt. Richard macht seine Hausaufgabe. Er schreibt einen Text und malt ein Bild dazu. Der Kommentar des Lehrers/der Lehrerin nervt ihn und er teilt dir dies auch mit. Du überlegst einen

Moment und wendest dich dann an deinen Sohn. „Richard, deine Schrift ist wirklich furchtbar. Es ist schwer zu erkennen, ob du die Rechtschreibung beherrschst, weil du viele Buchstaben nicht besonders schön schreibst. Dein Lehrer hat in der Hinsicht schon recht, aber sie dir doch das schöne Bild an, dass du gemalt hast. Du kannst sehr gut malen und zeichnen. Du solltest mehr Zeit mit Zeichnen verbringen“, sagst du ganz ruhig. Richard hat gelernt, dass er positive und negative Seiten hat, aber du dich auf die positiven Dinge konzentrierst. Er ist stolz auf sein gemaltes Bild, was ihm mehr Selbstvertrauen bringt.

7.6.2 Lachen ist das halbe Leben eines Optimisten

Wer im Leben viel lacht, kann leichter mit Problemen umgehen. Die positiven Seiten des Lebens zu kennen, hat viele Vorteile. Es ist medizinisch erwiesen, dass sich Lachen positiv auf die Gesundheit auswirkt. Während der Mensch lacht, werden Hormone ausgeschüttet, die Stress reduzieren, Entzündungen bekämpfen und Schmerzen lindern.

Eine positive Lebenseinstellung, in der viel gelacht wird, reduziert demnach täglichen Stress und fördert das kreative Denken. Dies wirkt sich wiederum positiv auf die schulische Leistung deines Kindes aus. Ein gesundes Kind kann eine bessere Leistung erbringen. Lachen in der Familie vermittelt dem Kind das Gefühl, dass es in einer herzlichen Familie aufwächst. Es gibt dem Kind Vertrauen, dass es behütet wird und Harmonie herrscht. Gemeinsam zu lachen, kann deinem Kind dabei helfen, mit Problemen besser umzugehen. Dein Kind kann so einen besseren Weg aus kritischen Situationen finden und bekommt die positive Lebenseinstellung mit auf seinen Lebensweg.

Menschen, die oft Lachen, gehen auf andere Menschen ganz anders zu und werden von Fremden anders wahrgenommen. Sie wirken freundlicher und sympathischer. Dies ist für Erwachsene vielleicht nicht ganz so wichtig, doch für dein Kind kann das viele positive Folgen haben. Dein Liebling wird sich leichter tun, neue Freunde zu finden. Auch später im beruflichen Umfeld wird man gerne mit ihm zusammenarbeiten, was positiv für das Betriebsklima ist. Dein kleiner Schatz wird sich aufgenommen fühlen und lernt, ein wichtiger Bestandteil eines Teams zu sein. Lache mindestens dreimal täglich gemeinsam mit deinem Kind.

7.6.3 Teile deinem Kind Aufgaben zu

Kinder und auch Jugendliche wollen das Gefühl haben, gebraucht zu werden. Grundsätzlich ist dies ein menschliches Bedürfnis, das auch Erwachsene haben. Teile deinem Kind, seinem Alter entsprechend, Aufgaben im Haushalt zu. Du wirst dich bestimmt fragen, was dein Kind dabei lernen soll. Es lernt dabei, ein wichtiger Teil der Familie zu sein. Es wird lernen, dass es eine wichtige Aufgabe im Familienkreis zu erledigen hat. Es wird gebraucht und kann sich sinnvoll in das Familienleben einbringen. Du kannst bereits Kleinkindern Aufgaben zuteilen. Koche mit deinem Kleinkind gemeinsam oder bringt zusammen den Müll raus. Auch das Putzen macht vielen kleinen Kindern Spaß. Sie fühlen sich gut, wenn sie Mama oder Papa unter die Arme greifen dürfen.

Denke daran, dein Kind nach getaner Arbeit zu loben. Gerade das Lob ist es, was das Selbstbewusstsein deines Kindes stärkt und auch das Selbstvertrauen verbessert.

❖ **Praxisidee und Beispiel zum Kapitel 7.6.3:**

Julian ist gerade 3 Jahre alt geworden und schon immer hilft er dir in der Küche. Er räumt jeden Tag mit dir gemeinsam den Geschirrspüler ein und aus. Mittlerweile weiß Julian, was zu tun ist. Du bittest ihn heute das Besteck alleine auszuräumen und in die richtige Lade zu legen. Julian kommt seiner Aufgabe nach und hat diese recht schnell erledigt. Er ist sehr stolz darauf, dass er alle Löffel und Gabeln in die richtige Lade geräumt hat. Auch Kochlöffel und Pfannenwender sind an ihrem Platz. „Julian, das hast du ganz toll gemacht. Ich bin stolz auf dich", sagst du. Julian weiß, dass er einen wichtigen Beitrag geleistet und dir Arbeit abgenommen hat. Dies macht ihn selbst stolz und sein Selbstvertrauen wird gestärkt.

7.6.4 Lass auch Fehler zu

Dein Kind wird alles in seiner Macht Stehende tun, um dich stolz und glücklich zu machen. Das liegt in der Natur der Kinder. Dies wird mal besser und mal schlechter gelingen. Nimmt sich dein Kind etwas vor und es klappt dann nicht wie geplant, könnte es von sich selbst enttäuscht sein. Hier ist es wichtig, dass du ihm zur Seite stehst. Du solltest deinem Kind beibringen, dass es in Ordnung ist, Fehler zu machen. Kein Mensch ist perfekt und auch dein Kind muss es nicht sein. Doch nicht nur bei gestellten Aufgaben wird dein Kind nicht immer alles schaffen.

Auch im Laufe des Lebens wird es immer wieder in Situationen kommen, in denen es Fehler macht. Egal, ob es um das Belügen der besten Freundin oder um das Enttäuschen der Tante geht. Jeder Mensch macht Fehler, denn nur durch Fehler kann man Erfahrungen sammeln und daraus lernen. Dein Kind sollte von klein auf lernen, dass es in Ordnung ist, Fehler zu machen. Es sollte aber auch lernen, dass man zu seinen Fehlern stehen und diese zugeben muss. Vermittelst du dies deinem Kind, wird es ihm später leichter fallen, mit der Gesellschaft klarzukommen. Gib deinem Kind stets das Gefühl, dass es wertvoll ist und geliebt wird. Zeige deinem Liebling, dass du ihn trotz aller Fehler bedingungslos liebst. Nur so kannst du dein Kind zu einem glücklichen Optimisten erziehen.

❖ **Praxisidee und Beispiel zum Kapitel 7.6.4:**

Janina, deine 14-jährige Tochter, ist abends alleine unterwegs. Sie trifft sich mit ihrer Freundin und muss um 20 Uhr zu Hause sein. Ein Anruf erreicht dich, in dem Janina dir erklärt, dass sie später kommt, weil sie dies und das erledigen musste. Sofort weißt du, dass das eine Lüge ist und Janina bestimmt bei ihrem Freund ist. Sie kommt mit einer Stunde Verspätung nach Hause und du fragst sie direkt, wo sie denn wirklich gewesen ist. Janina bleibt stur bei ihrer Geschichte, doch du siehst ihr die Lüge an. Im Gespräch knickt Janina ein und gibt zu, dich belogen zu haben. Du sprichst mit ernster Stimme: „Janina, es ist okay, wenn du dich mit deinem Freund triffst. In deinem Alter ist es auch in Ordnung, wenn du versuchst mich anzulügen. Ich bin deshalb nicht sauer auf dich. Du hast es versucht und es hat nicht geklappt. Ich hoffe du hast daraus gelernt und sagst mir beim nächsten Mal die Wahrheit.“ Dein Verhalten zeigt Janina, dass sie Fehler machen darf und du die trotzdem liebst.

7.6.5 Wünsche und Gefühle müssen ernst genommen werden

Die Wünsche und Gefühle deines Kindes sind sehr wichtig. Du sollst ihm aber nicht jeden Wunsch erfüllen. Ernst nehmen, aber nicht gleich handeln ist hier die Devise. Äußert dein Kind einen Wunsch, wirst du als Mutter oder Vater dafür sorgen, dass dieser erfüllt wird. Wiege aber genau ab, welche Wünsche du direkt erfüllst und welche Wünsche etwas später erfüllt werden. Respektiere und akzeptiere aber stets die Wünsche deiner Kinder. Vermittle deinem Liebling das Gefühl, dass du den Wunsch zur Kenntnis genommen hast.

Auch die Gefühle sind ein wichtiges Thema in der Erziehung eines Optimisten. Dein Kind muss wissen, dass es seine Gefühle zulassen darf und lernen, mit diesen umzugehen. Zeige deinem Kind, wann es sich in einer angemessenen Situation befindet und wann es Gefühle besser nicht direkt äußern sollte. Eines muss dabei aber immer an erster Stelle stehen: Zu Hause dürfen Gefühle zu jeder Zeit zugelassen werden. Zeige deinem Kind, dass du für es da bist und bringe deinem Liebling bei, seine Gefühle zu kontrollieren. Ein Mensch, der seine Gefühle unter Kontrolle hat, kann positiv auf das Leben blicken und stets den Optimismus in den Vordergrund ziehen.

8. Empathie bei Kindern fördern

Manche Menschen sind empathischer als andere. Das liegt an der Art und Weise, wie man mit ihnen als Kind umgegangen ist. Kinder bekommen mehr mit als Erwachsene denken. Vor allem kleine Kinder wissen sehr genau, wie es Mama oder Papa geht. Jeder Elternteil versucht negative Gedanken und Gefühle vor seinem Kind zu verbergen. Je mehr ein Elternteil das versucht, umso mehr merkt das Kleinkind, dass etwas nicht stimmt. Du kannst deinem Kind also nichts verheimlichen. Schon Säuglinge merken, dass es Mama nicht gut geht. Dies macht sich oft im Verhalten des Babys bemerkbar. Dein Säugling wird sehr unruhig sein und sehr schlecht schlafen, wenn es dir emotional nicht gut geht. Was kannst du also tun, um es zu schützen? Die Antwort ist sehr einfach: Sei ehrlich zu deinem Kind. Nur, wenn du ihm zeigst, dass es in Ordnung ist, Gefühle zuzulassen, wird es dies später auch selbst können.

8.1 Warum und wie merken Kinder, wie es Erwachsenen geht?

Kinder haben sehr feine Antennen, was Empathie betrifft. Ein gewisses Maß an Gefühlsansteckung ist jedem Menschen angeboren. Beobachtet man ein Baby, wird man sehr schnell erkennen, dass dieses bereits sehr empathisch ist. Lächelst du dein Baby an, wird es zurücklächeln. Weint ein Kleinkind in der Nähe des Babys, kannst du sehen, wie dein Baby einen traurigen Gesichtsausdruck macht und ebenfalls zu weinen beginnt. Mitgefühl ist somit jedem Menschen in die Wiege gelegt.

Während man bei Babys noch von Gefühlsansteckung spricht, können bereits zweijährige Kinder schon sehr empathisch sein und merken, wenn es dir nicht gut geht. Ein Kind beobachtet seine Bezugspersonen jeden Tag sehr genau. Schließlich lernen Kinder durch das Beobachten der Erwachsenen. Sobald es dir nicht mehr gut geht, zeigst du ein anderes Verhalten, was dir meist selbst nicht bewusst ist. Deine Körpersprache zeigt aber deutlich, dass etwas nicht stimmt. Auch die Tonlage deiner Stimme verändert sich und du reagierst auf viele Situationen anders. Du könntest schneller genervt sein oder wirkst hektischer.

Kleine Kinder merken sofort, dass du dich anders verhältst als sonst. Sie können zwar deine Gefühle noch nicht einordnen, merken aber sehr wohl, dass etwas nicht stimmt. Während Säuglinge nur dein Verhalten nachahmen, fangen Kleinkinder an, dein Verhalten zu hinterfragen. Sie können mit dir traurig und auch fröhlich sein. Wichtig ist in dieser Situation, dass du immer ehrlich zu deinem Kind bist. Wenn du traurig bist, kannst du auch vor deinem Kind weinen. Dein Kind wird auf dich zugehen und dich in den Arm nehmen. In den meisten Fällen wird dein Kind auch weinen. Erkläre deinem Kind, dass du traurig bist, es aber nicht an ihm liegt. So lernt es, dass es in Ordnung ist, Gefühle zuzulassen.

8.2 Kinder drücken sich anders aus als Erwachsene

Natürlich ist es wichtig, deinem Kind eine angemessene Sprache beizubringen. Kinder drücken sich manchmal nicht der Situation entsprechend aus. Sie benutzen Sätze und Wörter, die sich für

Erwachsene nicht gut anhören. Dies liegt daran, dass Kinder gefühlsbetonter sprechen als Erwachsene. Kinder lassen ihren Gefühlen freien Lauf und äußern diese auch sehr genau. Kinder sitzen am Esstisch und sagen: „Wäh, das Essen schmeckt eklig." Dies finden Erwachsene nicht gut, denn so etwas sagt man schließlich nicht. Und genau hier ist der springende Punkt. Doch, genauso sagt man das. Kinder haben noch die Fähigkeit, auszudrücken, was sie fühlen, ohne dabei darauf zu achten, welche Worte sie wählen. Erwachsene haben diese Gabe nicht mehr, denn sie werden von der Gesellschaft so erzogen, dass man dies nicht macht. Es ist eine Unart und ein erwachsener Mensch hat dies nicht zu tun. Du solltest deinem Kind natürlich beibringen, dass solch ein Satz beim Restaurantbesuch nichts verloren hat. Zu Hause aber muss dein Kind seine Gefühle so ausdrücken dürfen wie es möchte. Auch du solltest deine Gefühle ausdrücken. Um deinem Kind ein gutes Beispiel zu sein, solltest du dies in derselben Form tun, wie es auch dein Kind macht – ehrlich und aus dem Bauch heraus.

8.3 Der richtige Umgang mit deinem Kind

Vor allem bei Schulkindern und Jugendlichen ist es ganz wichtig, immer ehrlich zu sein. Sie versuchen ständig herauszufinden, was dich belastet. Sie wollen dir nicht auch noch Sorgen bereiten und stellen ihre Probleme hinten an, was zu einem großen Problem werden kann. Größere Kinder und Jugendliche wollen dich unterstützen und dir helfen, was sie in eine Position zwingt, die ihrem Alter nicht angemessen ist. Kinder sollten nicht für ihre Eltern da sein müssen. Mit deinem jugendlichen Kind kannst du ehrlich darüber sprechen, was dich belastet. So weiß dein Kind Bescheid und kann lernen, mit der Situation umzugehen. Dabei kann es sich auf seine eigenen Probleme konzentrieren und diese bewältigen. Verschweigst du deinem Kind aber, warum es dir nicht gut geht, wird dein Kind dieses Verhalten kopieren und sich ebenfalls so verhalten. Es lernt, dass man seine Gefühle nicht so zeigen darf, wie man möchte und wird dies genauso machen. Zeigst du nur deine Gefühle, aber klärst dein Kind nicht darüber auf, was dich belastet, wird dein Kind auch dieses Verhalten kopieren. Es wird dir zeigen, wenn es zornig oder traurig ist, dir aber nicht sagen, warum es gerade diese Emotionen fühlt. Dies wird auch im weiteren Leben so sein.

Ist dein Kind erwachsen, wird es sich genauso verschließen, wie du es getan hast und anderen gegenüber nicht empathisch sein können. Daher ist der einzig richtige Weg, deinem Kind deine Gefühle zu zeigen und zu erklären, warum du dich so fühlst. Natürlich ist dies schwierig, denn Elternteile wollen nur das Beste für das eigene Kind. Dein Kind nicht mit deinen Problemen konfrontieren zu wollen, ist ein natürliches Verhalten, aber leider meist der falsche Weg. Wähle eine angemessene Sprachform und teile dich deinem Kind mit.

8.4 Wie du ein empathisches Gespräch führen kannst

Die richtigen Worte zu finden, ist nicht immer einfach und auch die angemessene Ausdrucksform zu wählen, ist ein schweres Unterfangen. Kleine Kinder verstehen viele Wörter noch nicht und können mit deinen Sätzen nichts anfangen. Bei Kleinkindern ist es vollkommen ausreichend, wenn du ihnen sagst, dass du traurig bist, weil dies oder jenes passiert ist. Betone aber immer, dass dein Kind keine Schuld an deiner Traurigkeit hat. Bei älteren Kindern und Jugendlichen kannst du eine andere Sprache wählen. Hier ist es wichtig, ehrlich zu sein und Ich-Botschaften zu vermitteln. Ich-Botschaften sind das A und O eines empathischen Gesprächs. Ganz egal, ob es dir gerade schlecht geht oder du mit deinem Kind über dessen Gefühle sprichst, formuliere deine Sätze immer in der Ich-Form. Dies kommt beim Kind anders an, als wenn du eine andere Ausdrucksweise wählst. Ein Beispiel, um dies zu verstehen: „Du hast eine schlechte Note nach Hause gebracht. Das macht mich wütend.“ – Diese Formulierung ist nicht besonders gut. „Ich fühle mich nicht gut, weil du eine schlechte Note geschrieben hast. Ich denke, ich hätte besser mit dir lernen sollen.“ – Diese Formulierung ist weitaus besser.

Mit Ich-Botschaften signalisierst du deinem Kind, was du fühlst und warum du dich so fühlst. Der Unterschied der beiden Sätze besteht darin, wie dein Kind deinen Satz auffasst. Es macht einen Unterschied, ob du dein Kind verbal angreifst oder ob du deinem Kind sagst, wie du dich fühlst. Achte bei jedem Gespräch darauf, mehr Ich-Botschaften zu benutzen. Dein Kind wird sich dieses Verhalten abschauen und ebenfalls Ich-Botschaften verwenden, wenn es dir etwas mitteilen möchte. Mit diesem Verhalten legst du den Grundstein für das spätere Leben deines Kindes. Dein kleiner Liebling wird ein glücklicher Erwachsener werden, der empathische Gespräche führen und sich in andere Menschen hineinversetzen kann.

8.5 Empathie vorleben

Um dein Kind zu einem empathischen Erwachsenen zu erziehen, solltest du natürlich ein Vorbild sein. Neben den bereits genannten Gesprächen, ist auch dein Verhalten sehr wichtig. Kindern lernen, indem sie das Verhalten der Erwachsenen kopieren. Handelst du anderen Menschen oder auch Tieren gegenüber empathisch, wird dein Kind dies ebenfalls von ganz alleine machen. Hat sich dein Kind verletzt, wirst du es ganz automatisch in den Arm nehmen und trösten. Ohne darauf zu achten, sind Erwachsene in diesem Moment empathisch, denn sie fühlen den Schmerz mit und trösten das Kind.

Kommt eine Freundin zu Besuch und ihr geht es nicht gut, wirst du sie in den Arm nehmen und mit ihr gemeinsam eine Lösung für ihre Probleme suchen. Dein Kind wird dich genau beobachten. Es sieht, dass du deine Freundin in den Arm nimmst und anschließend für sie da bist. Geht dein Kind am nächsten Tag in die Kita oder in die Schule, wird es sich ebenso verhalten, wenn es einem anderen Kind nicht gut geht. Bei der Erziehung eines empathischen Kindes ist es wichtig, dass diese Erziehung von klein auf geschieht. Einem Jugendlichen wirst du keine Empathie mehr beibringen, wenn er dies als Kleinkind nicht gelernt hat. Indem du in vielen Situationen im Alltag Empathie zeigst, lernt auch dein Kind empathisch zu sein.

8.6 Jedes Kind ist anders

Jedes Kind zeigt ein anderes Verhalten und ist vom Wesen her unterschiedlich. Manche Kinder sind von Natur aus empathischer als andere Kinder. Viele Kinder lernen empathisches Verhalten, indem sie das Verhalten von Erwachsenen kopieren. Andere Kinder müssen Empathie anders lernen. Sie müssen es am eigenen Körper erfahren und lernen nur durch Aktivität. Learning by doing sozusagen.

Hierfür ein extremes Beispiel, um dies besser zu verstehen:

Dein Kind kommt immer wieder auf dich zu und schlägt dich. Du versuchst deinem Kind zu sagen, dass dir dies Schmerzen bereitet und du das nicht möchtest. Du erklärst deinem kleinen Schatz, dass das weh tut und du traurig bist. Immer noch hoffst du, dass dein Kind damit aufhören wird. Dein Kind gehört aber zu den Kindern, die Empathie nicht in die Wiege gelegt bekommen haben und schlägt dich immer wieder. Du hast deinem Kind noch nie wehgetan und daher kann dein kleiner Schatz nicht nachempfinden, was Schmerz bedeutet. Beim nächsten Schlag, klopfst du deinem Kind auf die Finger. Hier wird nicht von Gewalt gesprochen. Ein leichter Klaps auf die Finger, sodass dein Kind dies spürt, aber keine wirklichen Schmerzen empfindet. Dein Kind wird zu weinen beginnen und du wirst es in den Arm nehmen. Hat sich dein Kind beruhigt, kannst du ihm sagen, warum du das gemacht hast. Dein Liebling hat nun gespürt, dass es ein unangenehmes Gefühl ist, wenn man geschlagen wird. Es hat Empathie am eigenen Leib erfahren und aus der Situation gelernt.

Natürlich sollte dies nicht der Regelfall sein und es wird noch einmal betont, dass es nichts mit Gewalt zu tun haben soll. Ein Kind kann nur dann empathisch erzogen werden, wenn es eine gewaltfreie Erziehung genießen darf.

8.7 Empathie fördern

Du kannst Empathie bei deinem Kind fördern. Dafür gibt es einige Tipps, die du befolgen kannst. Neben empathischen Gesprächen und einem empathischen Verhalten, kannst du Empathie auch in den Alltag integrieren. Ist dein Kind zornig, frage nach dem Grund. Vermittle deinem Kind anschließend, dass du in der Situation auch zornig wärst. Manchmal ist geteiltes Leid halbes Leid. Auch in traurigen Situationen kannst du mit deinem Kind mitfühlen. Eine weitere Möglichkeit ist das Lesen von Büchern. Du kannst mit deinem Kind gemeinsam ein Bilderbuch ansehen oder ihm eine Geschichte vorlesen. Frag dein Kind immer wieder, wie sich die Personen und Tiere im Buch fühlen könnten. Lernt dein Kind sich in andere Wesen hineinzuversetzen und Gefühle zu äußern, förderst du das empathische Verhalten deines Lieblings. So kannst du sicher sein, dass aus deinem kleinen Schatz ein empathischer Erwachsener wird.

- **Praxisidee und Beispiel zum Kapitel 8.7:**

Deine 6-jährige Tochter Charlotte war heute mit ihrer Freundin auf dem Spielplatz. Sie hatten einen Streit und deine Tochter ist zornig und traurig zugleich. Als sie nach Hause kommt, siehst du ihr an, dass etwas nicht stimmt und fragst sie nach ihrem Befinden. „Ich bin sauer und traurig“, sagt Charlotte knapp. Du fragst, was denn passiert sei und Charlotte erzählt dir von ihrem Streit mit Melanie, ihrer Freundin. Sie erzählt dir alles, bis ins Detail. Du lässt sie ausreden, bevor du antwortest: „Charlotte mein Schatz, Melanie war nicht sehr nett zu dir. Ich wäre genauso zornig über ihr Verhalten und es würde mich auch traurig machen, dass Melanie sich nicht entschuldigt hat.“ Dieser Satz reicht aus, um Charlotte zu zeigen, dass du mit ihr fühlst und dich in ihre Lage versetzen kannst.

9. Wie du das Selbstbewusstsein deines Kindes stärkst

Ein hohes Maß an Selbstbewusstsein ist sehr wichtig für dein Kind. Nur wer an sich selbst glaubt und weiß, dass er etwas wert ist, kann glücklich sein. Stärkst du regelmäßig das Selbstbewusstsein deines Kindes, kann dies zu einem glücklichen Erwachsenen heranwachsen. Doch das Selbstbewusstsein ist gar nicht so einfach zu stärken. In diesem Kapitel erfährst du alles über Selbstvertrauen und Selbstwertgefühl. Außerdem wirst du erfahren, wie du mit deinem Kind umgehen solltest, damit du sein Selbstbewusstsein stärken kannst.

9.1 Selbstbewusstsein – was ist das?

Das Selbstbewusstsein deines Kindes setzt sich aus zwei unterschiedlichen Dingen zusammen, nämlich dem Selbstwertgefühl und dem Selbstvertrauen. Beide Dinge sind gleich wichtig, damit dein Kind ein hohes Selbstbewusstsein aufbauen kann. Nur, wenn du diese zwei Eigenschaften stärkst, kann dein Kind glücklich sein und leichter durchs Leben gehen. Jeder Mensch hat ein unterschiedlich hohes Selbstbewusstsein. Dies ist abhängig von der Erziehung und den Erfahrungen, die ein Mensch in seiner Kindheit und in der Jugendzeit gemacht hat. Verfügt ein Mensch über wenig Selbstbewusstsein, ist die Stärkung im Erwachsenenalter weitaus schwieriger und dauert erheblich länger, als wenn du deinem Kind die richtigen Werte von klein auf mitgibst.

Selbstwertgefühl:

Das Selbstwertgefühl ist das Gefühl, wie man sich selbst sieht und wahrnimmt. Der Mensch fragt sich oft: „Bin ich es wert?" Stellst du dir diese Frage, ist dein Selbstwertgefühl zu diesem Zeitpunkt sehr niedrig. Hast du dein Kind zu einem selbstbewussten Erwachsenen erzogen, wird es sich diese Frage nur sehr selten stellen. Der Grund dafür ist, dass dein Kind genau weiß, wie viel es wert ist und sich selbst liebt, so wie es ist.

Selbstvertrauen:

Das Selbstvertrauen ist, wie der Name schon sagt, das Vertrauen in sich selbst. Kinder müssen lernen, an sich selbst zu glauben. Vermittelst du deinem Kind immer wieder, dass es viele Dinge alleine schaffen kann, wird es über ein hohes Selbstvertrauen verfügen. Je mehr Dinge dein Kind lernt und selbst herausfinden darf, umso mehr wird es an sich selbst glauben. Dies ist für das weitere Leben sehr wichtig. Daher solltest du diesen Grundstein schon in der Kleinkindzeit vermitteln.

9.2 Selbstwertgefühl und Selbstvertrauen im Kleinkindalter stärken

Im Grunde kannst du mit dem Aufbau des Selbstbewusstseins bereits im Säuglingsalter starten. Die Bedürfnisse eines Babys sind noch sehr gering, dennoch möchte auch ein so kleines Wesen die ungeteilte Aufmerksamkeit seiner Bezugsperson. Weint dein Baby, solltest du darauf reagieren. Möchte dein Säugling mit dir kommunizieren, indem er Laute von sich gibt und dich anlächelt, solltest du auf diese Signale reagieren und deinem kleinen Schatz die notwendige Aufmerksamkeit schenken. Auch bei Kleinkindern verhält es sich so. Kleine Kinder sind den ganzen Tag damit beschäftigt, ihren Bezugspersonen tolle Dinge zu erzählen und zu zeigen.

Ruft dein Kind dich und du blockst öfter ab, wird es resignieren oder sich zu einem quengelnden Kind entwickeln. Es lernt, dass es keinen Sinn hat, deine Aufmerksamkeit einzufordern und gibt auf oder es versucht, mit allen Mühen deine Aufmerksamkeit zu ergattern. Ignorierst du dein Kind, verringerst du sein Selbstwertgefühl. Dein Kind wird mit dem Gedanken spielen, dass es es nicht wert ist, dass du ihm deine ungeteilte Zeit schenkst. Natürlich kannst du nicht immer nur für dein Kind da sein, denn jeder erwachsene Mensch hat tagtäglich viele Aufgaben zu erledigen. Neben der Arbeit, ist ein Haushalt zu machen und wichtige Termine sind einzuhalten.

Vielleicht hast du auch weitere Kinder, denen du gerecht werden musst. Braucht dein Kind dich oder möchte deine Aufmerksamkeit, aber die Zeit ist gerade sehr knapp, solltest du deinem Liebling kurz erklären, warum du gerade nicht kannst.

Dein Kind wird das verstehen, wenn du etwas später auf sein Anliegen zurückkommst. Vermeide es jedoch, dein Kind ständig zu vertrösten, denn dies hat den gleichen Effekt, wie wenn du gar nicht reagierst.

❖ Praxisidee und Beispiel zum Kapitel 9.2:

Johann ist 4 Jahre alt und möchte dir sein Lego zeigen. Er hat sehr viel Zeit und Mühe in seine Arbeit gesteckt, um ein tolles Haus zu bauen. „Mama komm und sieh dir mein Haus an“, hörst du Johann aus dem Nebenzimmer rufen. Du bist zwar gerade beschäftigt, löst dich aber von deiner Arbeit und gehst zu deinem Sohn. Du sagst ihm, dass er ein sehr schönes Haus gebaut hat und möchtest wieder gehen. Johann möchte dir aber noch viel mehr zeigen. Du setzt dich zu ihm und Johann beginnt sein Haus zu erklären. „Das ist das Schlafzimmer und da ist mein Zimmer. Schau Mama, da ist die Küche und auch der Balkon.“ Du siehst dir Johanns Haus an und musst jeden Winkel kennenlernen. Das ist für Johann sehr wichtig. Es dauert eine gefühlte Ewigkeit bis dein Sohn dir sein ganzes Haus gezeigt hat. Als er mit seinen Erklärungen fertig ist, darfst du das Zimmer wieder verlassen. Indem du dir die Zeit für deinen Sohn genommen hast, hast du ihm vermittelt, dass er dir wichtiger ist, als jede andere Arbeit. Dies stärkt sein Selbstwertgefühl.

9.3 Allgemeine Tipps, um das Selbstbewusstsein deines Kindes zu stärken

Dein Kind benötigt sehr viel Aufmerksamkeit, um sein Selbstbewusstsein aufzubauen. Doch nicht nur die Aufmerksamkeit ist wichtig, um dein Kind zu einem selbstbewussten erwachsenen Menschen zu erziehen. Es gehört einiges mehr dazu, erfolgreich zu sein.

9.3.1 Gib deinem Kind emotionale Zuwendung

Das Hauptbedürfnis eines Kindes, egal welchen Alters, ist die emotionale Zuwendung. Doch was bedeutet das? Die emotionale Zuwendung setzt sich aus mehreren Eigenschaften zusammen. Trost, Verständnis, Anteilnahme und Kommunikation sind hier die wichtigsten Punkte.

Trost:

Egal, ob Baby, Kleinkind oder Jugendlicher – jeder Mensch braucht Trost. Hat dein Kind sich verletzt, nimmst du es automatisch in den Arm. Geht es deinem Kind nicht gut und es weint, wirst du ebenfalls versuchen, es zu trösten. Dieses Verhalten ist sehr wichtig, um das Selbstbewusstsein deines Kindes zu stärken. Dein Liebling merkt auf diese Weise, dass du immer für ihn da bist, wenn er dich braucht.

Verständnis:

Verständnis ist ein wesentlicher Aspekt in der Kindererziehung. Kinder haben Probleme, die für

Erwachsene oft keine sind. Doch genau dies bringt viele erwachsene Menschen dazu, kein Verständnis für das Kind zu haben. „Wieso regst du dich so auf?", „Warum reagierst du so?" – Solche Fragen stellen viele Erwachsene ihren Kindern, doch dies ist leider der falsche Weg. Es hat ein Problem und für dein Kind ist dies ein sehr reales, großes Problem. Du solltest es genauso sehen wie dein Kind. Zeige ihm, dass du Verständnis dafür hast, dass es sich gerade nicht gut fühlt und hilf ihm, mit der Situation umzugehen. Versuche stets Verständnis für das Verhalten deines Kindes zu zeigen, auch wenn dies manchmal schwer ist. Nur ein Kind, das sich verstanden fühlt, wird später ein hohes Selbstbewusstsein besitzen.

Anteilnahme:

Die Anteilnahme ist genauso wichtig. Sei für dein Kind da und nimm aktiv an seinem Leben teil. Hat dein Kind eine Veranstaltung in der Schule, solltest du stets daran teilnehmen. Möchte dein Sohn/deine Tochter dir etwas Wichtiges über seinen Freund/ihre Freundin erzählen, solltest du zuhören. Kinder teilen sich sehr gerne mit. Indem du zuhörst und auch über den Freundeskreis Bescheid weißt, zeigst du deinem Kind, dass du Interesse an seinem Leben hast. Diese Anteilnahme ist wichtig, um das Selbstbewusstsein deines Kindes zu stärken.

❖ **Praxisidee und Beispiel zum Kapitel 9.3.1:**

Elora hat heute eine wichtige Aufführung in der Schule. Natürlich wirst du auch da sein. Du fährst zur Schule und Elora kommt dir aufgeregt entgegen. „Mama, meine Haare passen nicht. Ich bekomme den Zopf nicht hin und es sieht nicht gut aus.“ Du kannst nicht erkennen, was Elora meint, denn für dich ist ihre Frisur perfekt. Bis zur großen Aufführung nörgelt Elora wegen ihren Haaren und du bindest ihren Zopf immer wieder neu. Sie betritt die Bühne und die Aufführung wird zu Ende gespielt. Nach der Aufführung kommt Elora auf dich zu. „Mama, das wäre toll gewesen, wenn meine Haare gepasst hätten.“ Sie sieht traurig aus und ihr macht euch auf den Weg nach Hause. Du beginnst ein Gespräch, indem du fragst, was denn genau an ihren Haaren nicht gepasst hat. Elora erzählt dir alles ausführlich. Du hörst zu, nimmst deine Tochter in den Arm und versicherst ihr, dass sie gut aussieht. Mit diesem Verhalten hast du Elora alles gegeben, was sie in dem Moment gebraucht hat. Du warst bei der Aufführung, was ihr zeigt, dass du an ihrem Leben teilnimmst. Du hast ihr Problem ernst genommen und sie in den Arm genommen und getröstet.

9.3.2 Freiraum lassen und Vertrauen schenken

Der Freiraum ist für Kinder sehr wichtig. Natürlich brauchen kleine und große Kinder Regeln und Grenzen. Diese sollten aber immer in einem gesunden Verhältnis zum Freiraum stehen. Grenzen aufzuzeigen ist wichtig, damit dein Kind sich später in der Gesellschaft zurechtfinden kann und weiß, dass es im Leben Regeln und Normen gibt, an die es sich zu halten hat. Der Freiraum bietet deinem Kind Platz für eigene Ideen und Fantasien. Lass es Dinge ausprobieren und stehe hinter ihm, wenn es Fehler macht.

❖ **Praxisidee und Beispiel zum Kapitel 9.3.2:**

Georg ist 9 Jahre alt und alle seine Freunde dürfen schon alleine zum Fußballtraining gehen. Georg bittet dich darum, dass du ihn nicht mehr zum Training führst und wieder abholst. Er möchte alleine hingehen und auch alleine wieder nach Hause kommen. Nach reichlicher Überlegung kommst du zum Entschluss, dass es okay ist und ihr dies am nächsten Tag ausprobieren werdet. Du teilst Georg mit, dass er heute alleine unterwegs sein darf, aber direkt nach dem Training nach Hause kommen sollte. Georg macht alles wie besprochen und freut sich, dass du so viel Vertrauen in ihn hast. Mit diesem Verhalten hast du Georg gezeigt, dass du ihm Freiraum lässt, um neue Dinge auszuprobieren. Außerdem hast du genug Vertrauen, dass Georg sich an Vereinbarungen hält und auch mal alleine außer Haus gehen kann.

9.3.3 Ein Vorbild sein

Kinder lernen, indem sie das Verhalten von Erwachsenen nachahmen. Daher sind die Bezugspersonen immer ein Vorbild für kleine und große Kinder. Achte darauf, ein gutes Vorbild zu sein. Möchtest du nicht, dass dein Kind gewisse Dinge macht, solltest du diese in seiner Anwesenheit ebenfalls lassen. Dazu findest du einige Beispiele im letzten Kapitel dieses Buches.

❖ **Praxisidee und Beispiel zum Kapitel 9.3.3:**

Im Alltag solltest du immer ein Vorbild für deine Kinder sein. Möchtest du nicht, dass sie zu rauchen beginnen, solltest du auch nicht vor ihnen rauchen. Ein Kind, dessen Eltern regelmäßig abends Alkohol trinken, wird lernen, dass das vollkommen normal ist und Alkohol zum Alltag dazugehört. Ein Kind, dessen Eltern sich ständig streiten, wird lernen, dass Streit der einzige Weg ist, um eine glückliche Beziehung zu führen. Ein Kind, dessen Mutter ständig Diäten macht und nie vernünftiges Essen zu sich nimmt, wird lernen, dass eine Frau nur schön ist, wenn sie schlank ist und die Ernährung nicht wichtig ist. Egal, welche Verhaltensweisen du an den Tag legst, überlege immer, ob du möchtest, dass dein Kind dies später genauso macht. Hinterfrage dein Verhalten regelmäßig und sei deinem Kind ein gutes Vorbild.

9.3.4 Dein Kind ist einzigartig

Jeder Mensch ist einzigartig. Dies solltest du auch bei der Erziehung deines Kindes immer bedenken. Heutzutage übt man schon auf kleine Kinder zu viel Druck aus. Dies beginnt bereits im Babyalter, indem die Mutter immer wieder gefragt wird, ob das Baby dieses oder jenes schon kann. „Was, dein Kind kann noch nicht sitzen?“, „Dein Kind schläft noch nicht durch?“ – Diese und andere Fragen kennt bestimmt jede Mutter und jeder Vater. Kommt ein Kind auf die Welt, ist es schon zum ersten Wettbewerb angemeldet. Welches Kind kann zuerst krabbeln und welches Baby wird als erstes lernen zu gehen? Der Druck der Gesellschaft ist sehr hoch. Doch die Wahrheit ist, dass jedes Kind einzigartig ist.

Dein Kind wird früher oder später ganz sicher lernen zu gehen, und dein Schulkind wird auch das Lesen irgendwann können. Viele Elternteile vergleichen gerne ihre Kinder mit Gleichaltrigen. Kommt dein Kind mit einer schlechten Note nach Hause, wird oft gefragt, was denn die Freundin für eine Note hat. Dieses Verhalten ist falsch, denn dein Kind hat seine ganz eigenen Stärken und Schwächen, so wie jeder Mensch. Hebe das Positive heraus und vergleiche dein Kind nicht mit anderen. Erwähnst du immer nur, was dein Kind schlecht oder falsch gemacht hat, bekommt es früher oder später Selbstzweifel, was dazu führt, dass das Selbstbewusstsein erheblich vermindert wird. Hebst du aber die Stärken deines Kindes hervor und lobst es immer wieder mal, wird es ein hohes Selbstwertgefühl aufbauen und an sich selbst glauben können.

❖ **Praxisidee und Beispiel zum Kapitel 9.3.4:**

Dein einjähriger Sohn Lukas kann schon sehr gut laufen. Er spricht noch sehr wenig, aber kann bereits sehr gut mit seinen Händen und Füßen umgehen. Er läuft, er isst alleine und kann auch schon die kleinsten Dinge vom Boden aufheben. Deine Freundin kommt mit ihrer gleichaltrigen Tochter zu Besuch. Leonie kann noch nicht laufen, aber spricht schon sehr viele Wörter. Deine Freundin ist entsetzt, dass dein Sohn noch immer nicht sprechen kann. Ruhig erklärst du ihr, dass Lukas schon sehr gut laufen kann und seine Motorik wohl sehr gut entwickelt sei. Sprachlich braucht er noch etwas Zeit, aber das kommt von ganz alleine. Du gehst gerne mit ihm spazieren und lässt ihn auch schon alleine essen. Deine Freundin wird nachdenklich. „Deine Tochter kann noch nicht laufen, aber dafür kann sie super sprechen. Jedes Kind entwickelt sich in seinem eigenen Tempo. Manche sind sprachlich sehr begabt, während andere Kinder in der Motorik fortgeschrittener sind. Lass dein Kind einfach Kind sein“, fährst du fort. Deine Freundin findet diesen Ansatz super und durch deine Einstellung kann sich dein Kind in seinem eigenen Tempo entwickeln und neue Fähigkeiten ohne Druck erlernen.

9.3.5 Achte darauf, wie du dein Kind lobst

Lob ist sehr wichtig für dein Kind, doch zu viel Lob kann den gegenteiligen Effekt haben. Lobst du dein Kind bei jeder Kleinigkeit, die es gut gemacht hat, wird es sich an das Lob gewöhnen und viele Dinge nur mehr machen, um gelobt zu werden. Kinder fordern das Lob selbstverständlich ein und sie wollen Anerkennung für ihr Tun. Hat dein Kind ein schönes Bild gemalt, möchte es gelobt werden. Dieses Lob kann auf viele verschiedene Arten ausgedrückt werden. Sagst du, dass du das Bild sehr schön findest, bewertest du dein Kind. Sagst du deinem Liebling aber, dass du dich sehr über das Bild freust, klingt das für ein Kind ganz anders. Dein kleiner Schatz hat gemerkt, dass er dir eine Freude machen kann.

❖ **Praxisidee und Beispiel zum Kapitel 9.3.5:**

Magdalena, 7 Jahre alt, ist schon sehr selbstständig. Sie ist ein aufgewecktes Kind, das gerne neue Dinge entdeckt und ausprobiert. Sie kann dies tun, weil sie weiß, dass du Vertrauen zu ihr hast. Immer wieder kommt sie auf neue Ideen und der Fantasie sind dabei keine Grenzen gesetzt. Magdalena ist handwerklich sehr begabt, weshalb sie viel bastelt, häkelt und malt. Magdalena zeigt dir immer wieder neue Kunstwerke, die sie kreiert hat. Du lobst sie, indem du ihr Folgendes sagst: „Ich freue mich sehr, dass du so viel Spaß an deiner Arbeit hast“ oder „Die Liebe, die du in deine Arbeiten steckst, kann man deutlich sehen“ und „Ich bin sehr stolz auf deine Arbeiten.“ Diese Sätze sind die richtigen, um Kinder zu loben. „Du machst das toll", ist die falsche Formulierung, denn dann würdest du nur das Verhalten des Kindes loben, nicht aber das Ergebnis ihrer Arbeit. Magdalena würde lernen, dass man für gutes Verhalten gelobt wird. Dies sollte jedoch nicht der Fall sein. Die Ergebnisse ihrer Arbeit sollten gelobt werden.

9.3.6 Sei für dein Kind nur da, wenn es dich braucht

Dieser Satz klingt erst einmal sehr hart, doch für dein Kind ist es wichtig, von dir unterstützt zu werden, wenn es Hilfe braucht. Lässt du dein Kind nichts selbst ausprobieren und nimmst ihm jedes Tun ab, wird das Selbstvertrauen deines Kindes zerstört. Lässt du dein Kind aber viele Dinge selbst ausprobieren und greifst nur ein, wenn es dich darum bittet, lernt dein Kind zwei Dinge. Dein kleiner Liebling merkt sehr schnell, dass er viele Dinge alleine kann, wenn man ihn lässt. Das stärkt das Selbstbewusstsein. Außerdem lernt dein Kind, dass du da bist, wenn es dich braucht. Es lernt also bewusst Hilfe einzufordern und bekommt diese dann auch. Dies ist wichtig, um das Selbstvertrauen deines Kindes zu stärken. Jedes Kind wird oft an seine Grenzen gehen, doch mit Mama und Papa im Hintergrund ist jede Hürde zu bewältigen.

❖ **Praxisidee und Beispiel zum Kapitel 9.3.6:**

Niklas ist gerade 5 Jahre alt geworden. Er möchte sein erstes großes Puzzle alleine machen. Er sortiert die Teile und beginnt mit dem Bau. Du siehst ihm gespannt zu, aber verhältst dich ganz ruhig. Niklas ist in seine Arbeit vertieft, aber kommt einfach nicht voran. Weiterhin beobachtest du ihn und merkst, dass er bereits zornig wird. Du greifst aber nicht ein. Niklas kommt an seine Grenzen und ist kurz davor, seine Arbeit aufzugeben. Er bittet dich um Hilfe beim Anfang des Puzzles. Gemeinsam beginnt ihr die Arbeit und kurze Zeit später bedankt Niklas sich und baut nun alleine weiter. Du hast nicht eingegriffen und Niklas damit das Gefühl gegeben, dass er vieles alleine schaffen kann. Als er aber Hilfe gebraucht hat, warst du da und hast ihm geholfen. Niklas hat daraus gelernt, dass er vieles ausprobieren darf und sich auf dich verlassen kann, wenn er es alleine nicht schafft.

10. Wie du die positiven Seiten deines Kindes hervorheben kannst

In der heutigen Gesellschaft wird oft nur auf die Schwächen von Kindern hingewiesen. Vermutlich hat sich diese Denkweise durchgesetzt, weil viele Menschen denken, dass man dem Kind etwas Gutes tut, wenn man ihm ständig sagt, was es besser machen kann. Dies ist aber ganz und gar nicht der Fall. Ein Kind, dem ständig gesagt wird, was es falsch macht, wird sehr schnell sein Selbstwertgefühl verlieren und sich immer mehr verschließen. Daher ist es wichtig, dass du die positiven Seiten deines Kindes hervorhebst und ihm stets seine Stärken aufzeigst.

10.1 Was mit deinem Kind passiert, wenn du nur Negatives aufzeigst

Hier geht es hauptsächlich um Kinder ab dem Schulalter. Kleinkinder sind noch weniger dem Leistungsdruck ausgesetzt, als es Schulkinder und Jugendliche sind. Kleinkinder machen in den Augen der Eltern meist alles richtig und Schwächen sind zwar vorhanden, aber noch nicht bedenklich. Schließlich können sich diese noch auswachsen und das Kind lernt ja noch. Sobald es in die Schule kommt, ändert sich diese Einstellung schlagartig. Dein Kind muss Leistung bringen und gute Noten schreiben. Bereits im zarten Alter von 6 oder 7 Jahren wird es einem enormen Druck ausgesetzt. Sehr schnell kristallisiert sich heraus, in welchem Fach dein Kind gut ist und wo es Schwächen gibt. Und ab da beginnt das falsche Handeln.

Hat dein Kind eine Lernschwäche, möchtest du ihm helfen, sich in gewissen Fächern zu verbessern. Du versuchst es mit Nachhilfestunden. Dein Kind wird also neben der Schule am Nachmittag zum Lernen verdonnert. Als hätte dein kleiner Liebling nicht schon genug Aufgaben, muss er nun auch noch mehrmals pro Woche zur Nachhilfe. Dein Kind darf ab diesem Zeitpunkt kein Kind mehr sein. Hat die Nachhilfe keine wirkliche Leistungssteigerung gebracht, wird das Hobby deines Kindes gestrichen, damit es mehr Zeit zum Lernen hat. Jetzt beginnt der Teufelskreislauf. Dein Kind darf keine Freizeit mehr haben, denn die Schule ist wichtiger. Lernen steht auf dem Programm und zwar jeden Tag.

Natürlich ist eine Lernschwäche auch ein Problem, das täglich in der Familie besprochen werden muss. Was wird mit deinem Kind passieren? Dein kleiner Schatz wird sich immer mehr verschließen. Er wird irgendwann resignieren und einsehen, dass er einfach nicht besser werden kann. Dein Kind wird ruhiger und die Noten werden immer schlechter. Ganz klar, denn dein Liebling kann sich nicht mehr konzentrieren. Er hat sein Selbstvertrauen verloren und glaubt nicht mehr daran, dass es jemals besser werden kann. Dein Kind ist an einen Punkt gekommen, an dem es keinen Glauben mehr an sich selbst hat. Früher hatte es noch gute Noten in anderen Fächern geschrieben, doch dafür wurde es nur wenig gelobt, denn die Problemfächer stehen immer im Vordergrund. Das kann eine Kinderseele sehr schnell zerstören. Zeigst du deinem Kind immer nur die negativen Seiten, hat es kein Selbstvertrauen mehr und die Zweifel beginnen. Im Endeffekt wird dein Kind das Schuljahr nicht positiv abschließen können, denn so ein kleiner Mensch kann einem so großen Druck nicht standhalten.

10.2 Stets die positiven Seiten hervorheben

Natürlich hat jedes Schulkind Lieblingsfächer. Darin ist dein Kind gut und bringt gute Noten nach Hause. Doch jedes Kind hat auch Schwächen und in diesen Fächern sind die Noten nicht besonders gut, wenn nicht sogar schlecht. Für eine Mutter oder einen Vater ist dies sehr schwer, denn jeder will nur das Beste für sein Kind. Du kannst deinem Kind etwas Gutes tun, indem du ihm immer wieder die positiven Seiten aufzeigst. Eine zwei in Mathe, aber dafür eine vier in Deutsch. Kein Problem, wenn du deinem Kind sagst, dass es ein wirklich guter Mathematiker ist.

Hebst du immer die positiven Seiten hervor, erhöht sich das Selbstvertrauen deines Kindes und es wird glücklicher sein, als wenn du stets negative Seiten erwähnst. Kinder, die viel Positives zu Hause erfahren und wissen, was sie können, verbessern sich ganz automatisch auch in den schlechteren Fächern. Eine positive Einstellung und ein hohes Selbstwertgefühl können wahre Wunder bewirken. Fördert man die Stärken des Kindes, kann dein kleiner Schatz glücklich durchs Leben gehen, was sich in allen Bereichen des Lebens positiv auswirkt. Du findest einige Beispiele hierfür im letzten Kapitel dieses Buches.

10.3 Stärken und Schwächen im Alltag integrieren

Jedes Kind ist anders und jedes Kind hat unterschiedliche Stärken und Schwächen. Geht man davon aus, dass dein Kind eine Rechenschwäche hat, kannst du Übungen ganz einfach in den Alltag integrieren, ohne dass dein Kind sich angegriffen fühlt. Zählt beim Einkaufen gemeinsam die Äpfel und lasse dein Kind unterschiedliche Produkte zusammenzählen. Auch zu Hause kannst du immer wieder kleine Übungen machen, die dein Kind fördern. Vergiss dabei aber nicht, die positiven Seiten hervorzuheben und dein Kind zu loben. Auch hierfür findest du einige Beispiele im letzten Kapitel.

❖ Praxisidee und Beispiel zum Kapitel 10.3:

Deine Sohn Jonathan ist in der Grundschule. Er ist 8 Jahre alt und tut sich mit den Zahlen sehr schwer. Rechnen ist für ihn schwierig und auch das Aussprechen höherer Zahlen kann er nicht, da er die einzelnen Ziffern verdreht. Übungen zu Hause mit dem Buch haben nicht wirklich einen Erfolg gebracht. Du gehst jeden Tag mit ihm Einkaufen und kannst dort wunderbar die Zahlen üben. Gemeinsam zählt ihr die Milchpackungen. Du lässt Jonathan Birnen und Äpfel zusammenzählen und die Zahl laut aussprechen. In der Süßigkeitenabteilung darf Jonathan sich immer 3 Dinge aussuchen. Er liest die Anzahl der Süßigkeiten, die sich in der Packung befinden und addiert alle Einzelportionen. 15 Duplo + 10 Hanuta beispielsweise. Auch Mengenangaben, wie etwa 50 g Kokosflocken und 100 g Hagelzucker könnte Jonathan addieren. Auf diese Weise lernt dein Sohn nicht nur das Rechnen, sondern tut sich auch später in der Schule leichter. Steht er vor einer schwierigen Aufgabe, wird er sich an die Lebensmittel im Supermarkt erinnern und kann die Aufgabe lösen. Auch für größere Kinder ist dies eine gute Möglichkeit, um Rechenwege zu lernen und zu verstehen.

11. Die Fähigkeiten deines Kindes fördern

Kinder sollen und wollen von klein auf gefördert werden. Jedes Kind lernt verschiedene Fähigkeiten unterschiedlich schnell. Je nach Alter gibt es unterschiedliche Möglichkeiten, die Fähigkeiten deines Kindes zu fördern. Wichtig ist, dass du auf das Alter des Kindes eingehst und deinen kleinen Liebling nicht überforderst. Kleinkinder lernen recht schnell, wenn sie mit ihren Eltern spielen. Größere Kinder benötigen andere Strategien, um lernen zu können und ihre Fähigkeiten zu fördern. Das wichtigste an der Förderung ist das Dranbleiben. Nur was öfter wiederholt wird, kann auch gut verarbeitet werden und bleibt als Fähigkeit bestehen.

11.1 Die Förderung des Kleinkindes

Kleinkinder lernen noch durch das Spielen. Sie entdecken und erkunden ihre Umwelt im Spiel. Daher sollten Fähigkeiten spielerisch erlernt und auch gefördert werden. Der Vorteil beim Spielen ist, dass Kleinkinder ihre Fähigkeiten erlernen, ohne dabei einem Druck ausgesetzt zu sein. Sie lernen neue Dinge kennen, ohne, dass sie sich anstrengen müssen. Kinder lernen beim Spielen alleine, aber auch beim Spielen mit ihren Eltern, weshalb es wichtig ist, stets Zeit für sein Kind zu haben. Du kannst mit deinem Kind Spiele spielen, die die Motorik fördern.

Bereits für kleine Kinder gibt es Motorikwürfel zu kaufen. So lernt dein Kind unterschiedliche Formen kennen. Auch Farbspiele sind bei kleinen Kindern oft sehr beliebt. Du musst aber nicht nur auf Spiele aus dem Handel zurückgreifen. Du kannst die Fähigkeit deines Kindes auch ganz einfach im Alltag fördern. Beobachte bei einem Spaziergang deine Umgebung und lasse dein Kind daran teilhaben. Es kann dir unterschiedliche Farben zeigen und diese auch benennen. Ab einem Alter von etwa vier Jahren kannst du mit deinem Kind Brettspiele spielen. Hierbei sind einige Regeln einzuhalten. Dies hat den Vorteil, dass dein Kind Regeln kennenlernt und sich später im Leben leichter tun wird.

Die Förderung des Sprachverständnisses und des Gedächtnisses ist ebenso wichtig. Memory ist ein beliebtes Spiel bei Kleinkindern. Auch hier müssen Regeln eingehalten werden. Dieses Spiel bietet viele Vorteile. Dein Kind fördert die Feinmotorik der Hände, indem es die Karten umdrehen muss. Die Farberkennung wird gefördert, wenn du dein Kind das Bild beschreiben lässt und auch das Gedächtnis wird geschult. Du solltest bei jedem Spiel bedenken, dass es keine Ziele zu erreichen gibt. Kinder in diesem Alter haben noch keine Lernziele. Mit dem Spielen gibst du ihm lediglich eine Möglichkeit, seine eigenen Fähigkeiten kennenzulernen und diese zu fördern.

❖ **Praxisidee und Beispiel zum Kapitel 11.1:**

Leonie ist 3 Jahre alt und hat gerade die Farben und Zahlen kennengelernt. Du möchtest sie dabei unterstützen, diese Fähigkeiten zu festigen. Jeden Tag macht ihr einen tollen Spaziergang im Wald. Schon beim Verlassen der Wohnung zählst du mit Leonie die Stufen, die ihr hinabgeht. Im Wald zählt ihr Äste, die ihr findet. Außerdem kann Leonie dir sagen, welche Farbe die Äste haben. Auch die Blätter werden gezählt und farblich sortiert. Wieder zu Hause angekommen, zählt Leonie jede Stufe, die sie nach oben geht. Sie erklärt dir alle Farben, die das Muster der Treppe beinhaltet. Während dem Essen fragst du Leonie nach den Farben, die sie auf ihrem Teller sieht. Gemüse eignet sich dafür besonders gut. Sie kann dir auch sagen, wie viele Erbsen sich auf ihrem Löffel befinden. Wie viele Stofftiere passen in die Tasche und welche Farben haben diese? Im Alltag gibt es unzählige Möglichkeiten, um Leonie die Zahlen und Farben näherzubringen und diese Fähigkeiten zu fördern.

11.2 Das Vorschulalter

Hat dein Kind das Vorschulalter erreicht, beginnt eine sehr wissbegierige Zeit. Bedenke, dass sich jedes Kind unterschiedlich schnell entwickelt. Manche Kinder beginnen früher mit den bekannten „Warum-Fragen". In diesem Alter ist dein Kind sehr motiviert Neues zu lernen und viel über die Welt zu erfahren. Dein Kind freut sich auf die Schule und möchte vorab schon so einiges an Wissen besitzen. Diese Zeit kann für dich als Elternteil recht anstrengend sein.

Im Alter von 5-6 Jahren ist der beste Zeitpunkt, um die geistige Entwicklung zu fördern. Das Verständnis für Zahlen und Wörter beginnt zu dieser Zeit. Du kannst mit deinem Kind immer wieder die Zahlen üben. Die meisten Kinder können in diesem Alter bereits recht gut zählen. Sie wollen aber mehr lernen und beginnen mit leichten Rechnungen. Dein Kind kann beispielsweise Euromünzen zusammenzählen. Ihr könnt gemeinsam die Stufen zählen, wenn ihr die Treppe hochgeht. Das Verständnis von Worten kann ebenfalls sehr einfach gefördert werden. Dein Kind kann dir ab jetzt seine ganz eigene Gute-Nacht-Geschichte erzählen. Aus dem Vorlesen wird sehr schnell ein Reden. Ihr könnt auch gemeinsam ein Buch ansehen und dein Kind erzählt dir, was es auf den einzelnen Seiten sieht.

Das Gedächtnis sollte weiterhin geschult werden. Dies kann nun aber in einer anderen Form geschehen. Frage dein Kind nach dem gestrigen Tag. An welche Dinge kann dein Kind sich noch erinnern? Bedenke aber, dass auch in diesem Alter das spielerische Lernen weitaus effektiver ist, als das steife Lernen, das es später in der Schule kennenlernen wird. Die geistige Entwicklung kann während einer Bewegung besonders gut gefördert werden. Dies kann durch Sportarten, aber auch durch freie Bewegung geschehen. Sportarten, in denen die Koordination geübt wird, eignen sich besonders gut dafür. Auch das Lernen mit Tieren kann Kindern Spaß machen. Dein Liebling kann seinem Haustier etwas vorlesen oder eine Geschichte erzählen.

❖ Praxisidee und Beispiel zum Kapitel 11.2:

Benjamin ist 5 Jahre alt und hat seine sprachliche Entwicklung so ziemlich abgeschlossen. Er kennt sehr viele Wörter und kann sehr viele Dinge benennen. Jeden Tag aufs Neue möchte er dir zeigen, wie gut er dies schon kann. Um diese Fähigkeit weiter auszubauen und zu fördern, kannst du jeden Tag ein Buch mit ihm lesen. Bilderbücher mit wenig Text eignen sich dafür besonders gut. Benjamin kann dir Seite für Seite erklären, was er auf den Bildern sieht. Jungs mögen meist Baufahrzeuge und wilde Tiere sehr gerne. Dafür gibt es eine Menge Bücher. Benjamin wird immer neue Wörter kennenlernen und das

Aussprechen der Wörter festigen. Wichtig ist, dass du Benjamin in dieser Zeit nicht gezielt verbesserst. Spricht er ein Wort falsch aus, solltest du ihn nicht direkt korrigieren. Beispiel: Wir haben das besprecht. Viele Kinder tun sich mit den Zeiten sehr schwer und können die Wörter nicht richtig aussprechen. Statt ihn mit einem barschen „besprochen" auszubessern, wie es viele Eltern tun, kannst du einfach seinen Satz in einer Frage wiederholen. „Wir haben das besprochen?" Benjamin fühlt sich nun nicht ausgebessert, sondern hört dir immer wieder gerne zu. So kann er ganz unbewusst und ohne Druck von dir lernen.

11.3 Fähigkeiten fördern bei deinem Schulkind

Das Grundschulalter ist die letzte Möglichkeit, Fähigkeiten spielerisch und einfach zu erlernen. Im ersten Jahr der Schule steht die Förderung der Fähigkeiten noch nicht an erster Stelle. Jetzt ist es an der Zeit einen schulischen Ausgleich zu finden. Dein Kind findet sich in einer neuen Lebensphase wieder. Hat es vor ein paar Wochen noch in der Kita getobt, muss es jetzt mehrere Stunden am Tag ruhig sitzen und dem Lehrer/der Lehrerin zuhören. Dies kann für dein Kind sehr anstrengend sein. Es kann seine Energie nicht abbauen. Daher ist es wichtig, den Kindern am Nachmittag genug Freiraum zum Spielen und Toben zu geben. Dein Liebling lernt jetzt viele neue Dinge auf einmal. Es ist darauf zu achten, dass dein Kind keinesfalls überfordert wird. Dem kannst du entgegenwirken, indem du deinem Kind Zeit gibst, das Gelernte zu verarbeiten.

Übt dein Kind eine Sportart aus, sollte ihm dies Spaß machen. Käme ein Leistungsdruck im Sport und in der Schule zusammen, könnte dies dein Kind schnell überfordern und das Selbstvertrauen würde sehr darunter leiden. In diesem Alter lernt dein Kind Gemeinschaft und Fairness kennen. Aber auch das Einhalten von Regeln muss spätestens jetzt erlernt werden. Das Gefühl der Gemeinschaft kann gestärkt werden, wenn dein Kind einen Mannschaftssport ausübt. Doch auch das gemeinsame Spiel mit Freunden kann sich positiv auf das Gemeinschaftsgefühl auswirken. Dein Kind lernt so, sich in eine Gruppe zu integrieren. Auch Fairness kann auf die gleiche Art und Weise erlernt werden.

Dein kleiner Schatz muss jetzt lernen, dass Bezugspersonen, wie etwa der Lehrer/die Lehrerin, nicht mehr nur für ihn allein da sind. Der Lehrer/die Lehrerin muss für alle Kinder gleichermaßen da sein. Dein Kind hat in diesem Alter bereits viel gelernt und viele Fähigkeiten gefestigt. Dennoch lernt der Mensch nie aus. Im Grundschulalter kann dein Kind sich bereits länger auf eine Sache konzentrieren, weshalb es sinnvoll ist ein Musikinstrument, eine Handarbeitstechnik oder auch das Backen und Kochen zu erlernen. Ganz egal, wofür sich dein Kind entscheidet und wo seine Stärken liegen – bleib mit ihm an der Sache dran und unterstütze es bei seinem Tun.

11.4 Die Zeit nach der Grundschule

Nach der Grundschule beginnt wieder eine neue Zeit für dein Kind. Nun wird der Leistungsdruck in der Schule größer und auch die Anforderungen steigen. Dein Kind hat bisher alle wichtigen Fähigkeiten erlernt. Diese müssen von nun an gefestigt und gefördert werden. Hierbei ist es wichtig, einen

Mittelweg zwischen fördern und fordern zu finden. Jetzt kristallisiert sich sehr gut heraus, wo die Stärken und wo die Schwächen deines Kindes liegen. Du solltest die Stärken weiterhin fördern, doch auch die Schwächen nicht außer Acht lassen. Möchtest du dein Kind fordern, um die Schwächen zu verbessern, sollte dennoch immer der Spaß an der Sache im Vordergrund stehen. Beobachte dein Kind, wenn es einem Hobby nachgeht und versichere dich immer wieder, dass es Spaß daran hat. Dies ist ein wichtiger Ausgleich zum schulischen Stress.

Ist dein Kind ein Bücherwurm, der sich gerne stundenlang in seinem Zimmer verkriecht, solltest du darauf achten, dass es genügend Bewegung bekommt. Bewegung ist sehr wichtig für den Körper, denn das Gehirn arbeitet in Bewegung weitaus besser, da die Durchblutung besser ist. Durch die gute Durchblutung werden neue Synapsen im Gehirn gebildet, sodass angelernte Fähigkeiten stets verbessert werden.

11.5 Das Jugendalter

Die schwierigste Zeit der Förderung steht bevor. Das Jugendalter ist für dein Kind und dich gleichermaßen anstrengend. Jetzt beginnt die Zeit im Leben, in der dein Kind sich nicht mehr für die Schule interessiert und plötzlich ganz andere Dinge im Kopf hat. Die Freunde werden sehr wichtig und die erste große Verliebtheit wartet bereits. In dieser Zeit ist es besonders schwierig, die Fähigkeiten deines Kindes zu fördern. Spielerisch wirst du hier nichts mehr erreichen. Neue Dinge zu lernen, ist in dieser Zeit fast unmöglich. Konzentriere dich daher auf die Stärken deines Kindes und versuche, diese weiter auszubauen.

Die Jugendlichen heutzutage beschäftigen sich gerne mit ihrem Smartphone. Es gibt diverse Apps auf dem Markt, die die Fähigkeiten deines Kindes fördern können. Gehirntraining und mentale Stärkung sind hier von besonderer Bedeutung. Dennoch sollten die schulischen Leistungen nicht außer Acht gelassen werden. Der benötigte Lernstoff muss trotzdem erlernt werden, auch wenn dein Liebling mehr als bockig ist. Immer wieder wird dein Kind in dieser Zeit mit schlechten Noten konfrontiert. Versuche dich auch hier auf die Stärken deines Kindes zu konzentrieren und seine vorhandenen Fähigkeiten zu fördern.

12. Wie die Beziehung zwischen Eltern und Kindern gefördert werden kann

Eine gute Bindung zwischen Eltern und Kindern ist der Grundstein für ein glückliches Leben. Hat dein Kind eine liebevolle, enge Bindung zu dir, wird es sich im späteren Leben weitaus leichter tun. Dein Kind wird Gefühle besser ausdrücken, mit Rückschlägen leichter umgehen und eine gute Portion Selbstbewusstsein entwickeln können. Doch wie kannst du die Bindung zu deinem Kind fördern? Dies geschieht bereits von Geburt an. In diesem Kapitel wirst du alles rund um die Eltern-Kind-Bindung lesen können, vom Säugling bis zum Jugendlichen.

12.1 Das Neugeborene

Bereits in der Schwangerschaft entwickelt das ungeborene Kind eine starke Bindung zur Mutter. Es lernt den Geruch der Mutter kennen, kennt den Herzschlag und auch die regelmäßigen Darmgeräusche. Im weiteren Verlauf der Schwangerschaft sind die Ohren so gut ausgebildet, dass dein Baby deine Stimme erkennen kann und auch nahe Bezugspersonen kommen dem Baby bekannt vor, wenn es auf die Welt kommt. Bereits vor der Geburt weiß dein Baby, dass du seine Mama bist, auch wenn es mit dem Begriff Mutter noch nichts anfangen kann.

Der Zeitpunkt der Geburt ist gekommen und dein Baby erblickt das Licht der Welt. Sofort fühlt es sich in deinen Armen wohl. In dieser Phase des Lebens ist vor allem die Bindung zur Mutter sehr ausgeprägt, schließlich hat diese das Baby neun Monate im

Bauch getragen. Eine gute Bindung zur Mutter ist in dieser Zeit sehr wichtig für das Neugeborene. Kurz nach der Geburt lernt dein Baby sehr schnell. Es erkennt recht bald, ob du seine Bedürfnisse stillst, oder ob du nur für ausreichend Nahrungszufuhr sorgst. Es ist ein erheblicher Unterschied, ob du dich liebevoll um dein Baby kümmerst, oder nur seine Grundbedürfnisse deckst. Ein Baby, das vom Tag der Geburt an geliebt wird und sich geborgen fühlen kann, entwickelt ein sehr starkes Urvertrauen. Dies ist der Grundstein für die weitere Eltern-Kind-Bindung und für ein glückliches Leben.

Vor allem nachts ist es für dein Baby sehr wichtig, dass es deine Nähe spürt. Schläft es im selben Raum oder auch im selben Bett wie du, wird es sich sicher und geborgen fühlen. Schläft ein Baby ein, bildet sich das Bindungssystem aus. Dies ist jedem Baby von Natur aus gegeben, denn dein Baby kann sich nur in deiner Nähe sicher fühlen und einen erholsamen Schlaf haben. Ist es sehr unruhig im Schlaf, kannst du es zu dir ins Bett legen. Dein kleiner Liebling kann so deinen Herzschlag hören und fühlt sich geborgen, weil es sich an die Zeit in deinem Bauch erinnert. Es sind nur Kleinigkeiten, die du für dein Baby tun kannst, für deinen Schatz sind es jedoch große Dinge, die ihm dabei helfen, eine gute Bindung zu dir aufzubauen.

12.2 Das Kleinkind

Im Kleinkindalter entwickelt dein Kind immer mehr Bindung zum Vater. Jetzt ist nicht mehr nur die Mutter die alleinige Bezugsperson. Hat dein Kind im Säuglingsalter die benötigte Liebe und Geborgenheit erhalten, ist der Grundstein für eine gute

Eltern-Kind-Bindung gegeben. Ab jetzt ist es wichtig, diese Bindung weiterhin zu stärken. Dein Kind weiß nun sehr genau, wer es ist. Es blickt zu dir auf und nimmt sich dich als Vorbild. In dieser Zeit ist es sehr wichtig, dass du emotional für dein Kind da bist. Dein Liebling hat bereits gelernt, viele Bedürfnisse selbst zu stillen bzw. diese zu äußern. Er ist nun etwas weniger abhängig von dir. Dein kleiner Schatz kann sagen, wenn er Hunger hat oder Liebe braucht. In diesem Alter ist es wichtig, dass du die Bedürfnisse deines Kindes erfüllst.

Dein Kleinkind braucht noch jede Menge Liebe und Kuscheleinheiten. Oft schlafen Kinder in diesem Alter bereits alleine im eigenen Zimmer. Kommt dein Kind aber noch oft nachts zu dir ins Bett, weist dies auf ein erhöhtes Bedürfnis nach Geborgenheit hin. Stille dieses Bedürfnis, indem du es bei dir im Bett schlafen lässt. Auch das Einschlafen ist in diesem Alter noch sehr schwierig. Dein Kind weiß zwar, dass du in der Nähe bist, aber manchmal ist ein anderer Raum schon zu weit entfernt. Ausgiebiges Kuscheln vor dem Zubettgehen kann wahre Wunder wirken, denn so signalisierst du deinem Liebling, dass du für ihn da bist und ihm die benötigte Liebe gibst. Dein Kleinkind benötigt auch tagsüber sehr viel Aufmerksamkeit. Schenkst du ihm diese, wird es eine sehr enge Bindung zu dir aufbauen, denn es lernt, dass auf dich Verlass ist.

❖ **Praxisidee und Beispiel zum Kapitel 12.2:**

Das Zubettgehen ist für Emil, 2 Jahre alt, noch sehr schwierig. Alleine in seinem Zimmer zu sein, macht ihm Angst. Er fühlt sich alleine gelassen und kann nicht einschlafen. Es geht vielen Kindern wie Emil, denn Kleinkinder brauchen noch sehr viel

Liebe von Mama und Papa. Führe ein Abendritual ein, das immer zur gleichen Zeit stattfindet. Danach gehst du mit Emil in sein Bett. Kuschel ausgiebig mit ihm, erzähle ihm von deinem Tag und lass auch ihn erzählen. Erkundige dich bei ihm, ob er alleine einschlafen möchte. Meist wird dein Sohn dir erklären, dass er Angst hat, aber er kann die genaue Angst nicht benennen. Kinder haben in diesem Alter eine sehr blühende Fantasie. Ein Schatten an der Wand könnte ein Monster sein. Möchte Emil noch deine Nähe genießen, verwehre ihm dies nicht. Bleibe bei ihm und halte ihn im Arm bis er eingeschlafen ist. Für viele Elternteile ist diese Zeit sehr anstrengend, doch du solltest immer bedenken, dass die Zeit sehr schnell vergeht und dein Kind sich immer mehr von dir abnabelt. Genieße daher die Kuscheleinheiten, so lange dein Sohn deine Nähe noch möchte.

12.3 Das Schulkind

Mit dem Eintritt in die Schule kommt ein neuer Lebensabschnitt auf dein Kind zu. Eine neue Bezugsperson, nämlich der Lehrer/die Lehrerin, tritt in das Leben deines Kindes. Dein Liebling hat bereits gelernt, dass er stundenweise ohne dich auskommen muss und das Vertrauen erlangt, dass du ihn später wieder abholst. In der Schule erwartet dein Kind ganz viel Neues. Der Leistungsdruck ist heutzutage sehr groß. Umso wichtiger, ist es, dass dein Kind eine gute Bindung zu dir hat.

Bringt es schlechte Noten nach Hause, solltest du es nicht rügen. Merkt es, dass du oft unzufrieden bist, wird dein Liebling schnell erkennen, dass man nur geliebt wird, wenn man gute Noten schreibt. Dies ist Gift für die Eltern-Kind-Bindung. Nimm dein

Kind in den Arm, tröste es und gib ihm die Kraft, die nächste Arbeit in der Schule besser zu schreiben. Sei nicht böse und gehe mit viel Mitgefühl auf dein Kind ein. Auch bei den Hausaufgaben brauchen Schulkinder oft noch die Unterstützung von Mama und Papa. Auch dies sollte ihnen nicht verwehrt bleiben. Hilfst du deinem Kind bei den Schularbeiten, lernt dein Liebling, dass er sich auf dich verlassen kann. Du stehst ihm zur Seite und bist da, wenn Hilfe benötigt wird. Dies ist ein wesentlicher Aspekt, um die gute Bindung zwischen einem Kind und seinen Eltern zu fördern.

❖ **Praxisidee und Beispiel zum Kapitel 12.3:**

Isabella ist 9 Jahre alt und braucht jeden Tag sehr viel Zeit, um mit allen Hausübungen fertig zu werden. Isabella tut sich sehr schwer mit dem Schreiben und dem Lesen. Oft versteht sie die Aufgabenstellung nicht und kann die gestellten Aufgaben nicht alleine lösen. „Ich kann das nicht", „Ich mag das nicht machen", „Ich hab keine Lust", sind häufige Aussagen von Isabella. „Isabella, lass mich mal sehen. Ich helfe dir", antwortest du kurz. Du liest dir die Aufgabe durch und versuchst diese deiner Tochter zu erklären. Löse die Aufgaben nicht selbst, sondern zeig deiner Tochter einen Weg, wie sie selbst zur Antwort kommt. Dieser Prozess ist für Isabella sehr wichtig, denn sie wird lernen, dass du da bist, wenn sie nicht weiter weiß, du aber nicht ihre Aufgaben übernimmst. Am Ende wird Isabella froh sein, alle Hausaufgaben mit deiner Hilfe, aber doch alleine geschafft zu haben. Dies fördert nicht nur die Bindung zwischen euch beiden, sondern verhilft Isabella auch zu mehr Selbstvertrauen.

12.4 Der Jugendliche

In der Jugend wird es etwas schwieriger, die gute Eltern-Kind-Bindung aufrechtzuerhalten und zu fördern. Die Kinder werden meist sehr bockig und haben ihren ganz eigenen Kopf. Eltern sind in dieser Zeit meist doof und der Freundeskreis natürlich viel wichtiger. In dieser Zeit kannst du dein Kind weiterhin bei schulischen Angelegenheiten unterstützen. Es gibt aber einen viel wichtigeren Punkt, der die gute Bindung aufrechterhalten kann. Das Privatleben deines Kindes steht an erster Stelle. Gib deinem Liebling das Gefühl, dass du dich für sein Leben außerhalb der Familie interessierst. Sei für deinen Schatz da, wenn er dir etwas erzählen oder über Probleme reden möchte. Auch Jugendliche brauchen ganz viel Liebe und Geborgenheit von Mama und Papa, auch wenn dein Teenie das natürlich nie zugeben würde.

❖ Praxisidee und Beispiel zum Kapitel 12.4:

Chiara ist 14 Jahre alt und ein typischer Teenie. Die Schule ist zur Zeit doof und die Freunde sind ihr sehr wichtig. Chiara kommt von der Schule nach Hause und ist sehr zornig. Sie sitzt am Mittagstisch, aber redet kein Wort mit dir. Nach dem Essen sagst du zu deiner Tochter: „Wenn du reden möchtest, bin ich da“ und sofort öffnet Chiara sich. Sie erzählt dir von ihrem Tag. Ihre Freundin hat ein peinliches Foto von ihr an die süßen Jungs aus der Schule weitergeleitet. Daher haben diese sie aufgezogen. Chiara findet das gar nicht lustig und ist sehr gekränkt. Außerdem ist sie sauer auf ihre Freundin. Du hörst deiner Tochter zu und lässt sie reden, ohne sie zu unterbrechen. Als sie fertig ist, fragst du: „Möchtest du einen Tipp von mir?“ Chiara verneint, denn sie hat keine Lust auf gute Ratschläge ihrer Mutter. Lass Chiara ein bisschen alleine. Sie muss erst selbst mit ihren Problemen klarkommen, bevor sie nach Lösungen suchen kann. Früher oder später wird Chiara auf dich zukommen und dich um einen Rat bitten. Im Moment hast du alles für deine Tochter getan, indem du für sie da warst und ihr zugehört hast.

12.5 Tipps für jedes Alter

Es gibt viele Möglichkeiten, die Bindung zwischen Elternteilen und ihrem Kind zu fördern. Hier findest du einige Tipps, die du in den Alltag einbauen kannst und die du berücksichtigen solltest.

Sei für dein Kind da:

Damit ist nicht gemeint, dass du körperlich anwesend sein sollst, sondern, dass du dir nur Zeit für dein Kind nimmst. Dein Liebling sollte deine ungeteilte Aufmerksamkeit haben. Nebenbei am Handy Nachrichten zu beantworten, ist eine sehr schlechte Idee, denn dann bist du sehr abgelenkt. Lege dein Handy, dein Buch, deine Zeitung zur Seite und konzentriere dich nur auf dein Kind. Je nach Alter kannst du mit deinem Liebling zusammen ein Spiel spielen oder ein tolles Mutter-Tochter/Mutter-Sohn oder Vater-Sohn/Vater-Tochter Gespräch führen.

Gefühle zulassen:

Die Gefühle deines Kindes sind sehr wichtig. Du solltest deinem Liebling erlauben, diese zuzulassen und zu äußern. Auch, wenn du seine Gefühle in diesem Moment nicht verstehst, solltest du sie dennoch tolerieren. Viele Kleinkinder sind wütend, weil sie nicht genau wissen, was in ihnen vorgeht und warum sie sich jetzt so fühlen. Sie brauchen Mama und Papa, die ihnen zur Seite stehen und ihnen helfen, ihre Gefühle kennenzulernen, zu äußern und damit umzugehen. Dies ist enorm wichtig, um eine enge Bindung aufzubauen. Gefühle zu zeigen stärkt die mentale Bindung zwischen Eltern und Kindern.

Lass dein Kind in deine Nähe:

Kinder, egal welchen Alters, brauchen immer deine Nähe – Tag und Nacht. Egal, wie alt dein Kind ist, wenn es Angst hat und bei dir im Bett schlafen will, solltest du dies zulassen. Vielleicht hat dein Kleinkind Angst alleine im Zimmer oder dein jugendliches Kind macht gerade eine schwere emotionale Zeit durch. Was auch immer der Grund für das Bedürfnis nach Liebe und Geborgenheit ist – wichtig ist, das Bedürfnis zu stillen.

Lügen ist nicht erlaubt:

Egal, um was es geht, eine Lüge ist niemals erlaubt. Oft lügen Eltern ihre Kinder an, um etwas zu erreichen oder sie in eine bestimmte Richtung zu bewegen. Dein Kind anzulügen, kann erhebliche Auswirkungen auf eure gute Beziehung haben. Dein Kind wird bemerken, wenn du lügst und dich darauf ansprechen. Erfährt dein Kind, dass du es angelogen hast, wird das Vertrauen sehr schnell weg sein und auch die enge Bindung zu dir beginnt sich langsam aufzulösen.

Gemeinsam lachen:

Jeden Tag gemeinsam zu lachen, kann wahre Wunder bewirken. Lachen ist gesund und wirkt sich positiv auf den Körper und den Geist aus. Versuche jeden Tag mit deinem Kind gemeinsam zu lachen.

Liebe dein Kind so wie es ist:

Dein Kind schenkt dir bedingungslose Liebe. Es liebt dich mit all deinen Fehlern und Macken. Du solltest genauso denken, denn dein Kind hat deine bedingungslose Liebe verdient. Sei nicht böse, wenn dein Kind unartig ist und zeige keine Enttäuschung, wenn es schlechte Noten schreibt. Zeigst du deinem Kind immer nur dann Liebe, wenn es etwas gut gemacht hat, wird es lernen, dass es nur geliebt wird, wenn es deinen Vorstellungen entspricht. Dies ist aber der falsche Weg und kann eure Bindung massiv schädigen, wenn nicht komplett zerstören.

Bringe deinem Kind bei, anderen eine Freude zu bereiten:

Du solltest deinem Kind zeigen, wie man anderen Menschen eine Freude bereiten kann. Seid ihr beim Einkaufen, könntet ihr das Lieblingseis von Papa mit nach Hause nehmen. Dein Kind kann Papa eine Freude machen, was die emotionale Bindung zwischen deinem Kind und seinem Vater erheblich verbessert. Dein Kind lernt, anderen Menschen Freude zu bereiten, und wird auch versuchen, dir immer mal wieder eine Freude zu machen.

13. Schwierige, aktive Kinder vs. ruhige, schüchterne Kinder

Jeder Elternteil möchte, dass sein Kind glücklich ist und zu einem selbstbewussten, zufriedenen Menschen heranwächst. Jedes Kind ist anders, hat unterschiedliche Bedürfnisse und benötigt eine andere Vorgehensweise in der Erziehung. Jedes Kind ist individuell, weshalb man nie pauschal sagen kann, wie die richtige Erziehung aussieht. Es macht aber einen erheblichen Unterschied, ob du ein ruhiges oder sehr aktives Kind hast. In diesem Kapitel erfährst du alles rund um dein aktives oder ruhiges Kind.

13.1 Dein schwieriges, aktives Kind

Aktive Kinder werden grundsätzlich immer als schwierig betitelt. Doch aktive Kinder sind nicht schwieriger zu erziehen als ruhige Kinder. Aktive Kinder sind wissbegieriger, lauter, auffälliger und meist auch selbstbewusster als ruhige Kinder. Die Erziehung eines aktiven Kindes gestaltet sich im Alltag meist schwierig. Dein Kind hat viel Energie und ist einfach nicht müde zu bekommen. Du nimmst dir vor, dein Kind auszupowern und versuchst dies auf jede erdenkliche Weise. Aktive Kinder sagen laut, was sie wollen und zwar nicht nur zu Hause. Auch im Supermarkt, im Kino oder in der Bibliothek wird dein Kind nicht ruhiger. Aktive Kinder wollen Aufmerksamkeit und Beschäftigung.

Meist sind aktive Kinder sehr intelligent und wollen viel lernen. Schon im Kleinkindalter verhält sich dein Kind auffällig laut. Es folgt oft nicht deinen Anweisungen oder diskutiert mit dir. In der Erziehung eines aktiven Kindes kannst du schnell an deine Grenzen gehen. Emotionen kochen hoch, wenn du deinem Kind bereits fünf Mal erklärt hast, dass es sein Zimmer aufräumen soll. Irgendwann bricht es aus dir heraus und du schreist dein Kind an. Natürlich weißt du, dass dies nicht der richtige Weg ist, doch du kannst in diesem Moment einfach nicht anders, auch wenn es dir direkt leidtut. Ein aktives Kind zu beschäftigen braucht viel Zeit und ist ein hoher Aufwand. Du musst dir jeden Tag neue Dinge einfallen lassen, damit dein Kind beschäftigt ist und keinen „Blödsinn“ anstellt.

13.2 Tipps, um dein aktives Kind zu beschäftigen

Dein aktives Kind bei Laune zu halten, ist oft gar nicht so einfach. Wird deinem Liebling langweilig, kann er schnell mal sehr laut werden. Dies führt zu Spannungen zwischen euch beiden und endet in einem Streit. Damit dies nicht passiert, findest du hier einige Tipps, wie du mit deinem aktiven Kind umgehen kannst.

Hör deinem Kind zu:

Ein aktives Kind möchte sehr viel Aufmerksamkeit. Es möchte gehört werden. Hörst du aber nur halbherzig zu, merkt dein Kind dies und wird immer lauter, bis es deine volle Aufmerksamkeit hat. Möchte dir dein Kind etwas mitteilen, lege alles beiseite und höre ihm genau zu, was es zu sagen hat.

Finde Beschäftigungsmöglichkeiten:

Ein aktives Kind möchte gefordert und gefördert werden. Beschäftigungsmöglichkeiten zu finden ist oft gar nicht so einfach. Überlege gut, was dein Kind interessiert. Gibt es etwas, das dein Kind sehr gerne macht? Hat dein Kind ein Hobby? Wenn nicht, solltet ihr schnell gemeinsam ein Hobby finden, bei dem dein Kind seine Energie abbauen kann. Denke darüber nach, was dein Kind lernen möchte und biete entsprechende Möglichkeiten der Beschäftigung an. Ein aktives Kind wird kaum ruhig sitzen und ein Puzzle bauen wollen. Für ein aktives Kind muss mehr Action her. Einige Beispiele für Beschäftigungsmöglichkeiten findest du in Kapitel 14 dieses Buches.

Vermeide deine laute Stimme:

Macht dein Kind einen vermeintlichen Blödsinn, reagierst du vielleicht mit Entsetzen und sprichst sehr laut mit deinem Kind. Dies ist der falsche Weg, denn ein aktives, ohnehin schon lautes Kind, wird dir noch lauter antworten. Dies kann schnell zu einem gegenseitigen Aufstacheln führen, was im Streit enden wird. Versuche stattdessen mit ruhiger Stimme zu deinem Kind zu sprechen und deinem Liebling zu erklären, was an der Situation gerade falsch war.

Geh mit deinem Kind an die frische Luft:

Bewegung und frische Luft sind vor allem für aktive Kinder besonders wichtig. Sie müssen ihre Energie loswerden. Dies können sie am besten im Freien. Laute Kinder können toben und laufen, bevor sie sich wieder auf ihre Arbeiten konzentrieren müssen. Aktive Kinder tun sich oft schwer, sich auf eine Sache lange zu konzentrieren. Lege daher immer wieder Pausen während der Hausübungen ein und lasse dein Kind eine Runde laufen oder 10 Minuten toben. Das macht den Kopf frei und dein Kind wird sich besser konzentrieren können.

Aktive Kinder und ihre Gefühle:

Aktive Kinder zeigen ihre Gefühle sehr stark und sprechen diese auch laut aus. Nicht nur zu Hause, sondern überall und sie reden mit jedem über ihre Gefühle. Vor allem dann, wenn es Zorn oder Wut ist. Gib deinem Kind die Sicherheit, dass es seine Gefühle immer aussprechen darf und erkläre ihm aber auch, dass man dies nicht immer machen kann. Dein Kind kann seinen Gefühlen nicht immer freien Lauf lassen, denn manchmal befindet man sich in Situationen, in denen dies nicht möglich ist. Dein Kind wird mit deiner Hilfe lernen, seine Emotionen im Griff zu haben und diese zu Hause ausdrücken zu dürfen.

❖ **Praxisideen und Beispiele zum Kapitel 13.2:**

Wie du dein aktives Kind beschäftigen kannst, hängt stark vom Alter des Kindes ab. Ein Kleinkind zu beschäftigen, ist meist schwieriger als größere Kinder bei Laune zu halten. Mit kleinen Kindern musst du spielen und ihnen Möglichkeiten zeigen, wie sie ihre Energie abbauen können. Größere Kinder können bereits alleine das Haus verlassen und finden selbst viele Möglichkeiten, um sich auszupowern.

Hier ein paar Möglichkeiten, die du in der Freizeit ausprobieren kannst:

- Lass dein Kind Zeichnungen anfertigen
- Baue mit deinem Kind ein Puzzle
- Geh an die frische Luft
- Mach ein Autorennen mit den kleinen Spielzeugautos
- Baue einen Turm mit Bausteinen
- Baue eine Kuschelhöhle für euch beide
- Besucht das Schwimmbad
- Geht auf den Spielplatz
- Übt ein Hobby aus, wie etwa Fußball oder Handball
- Jegliche Aktivitäten, bei denen dein Kind laufen kann
- Melde dein Kind für einen Kampfsport an
- Lade Freunde zum Spielen ein
- Spendiere deinem Kind einen Kinobesuch

Je vielfältiger die Möglichkeiten sind, die du deinem Kind bietest, umso weniger Langeweile kommt auf und umso ruhiger verhält es sich. Denke daran, deinem Kind jeden Tag genügend Aufmerksamkeit zu schenken, denn sonst wird es noch aktiver und fordert deine Aufmerksamkeit lautstark ein.

13.3 Dein ruhiges, schüchternes Kind

Ist dein Kind sehr ruhig und schüchtern, ist es meist auch sehr introvertiert. Der Kontakt zu neuen Leuten fällt schwer und dein Kind beschäftigt sich lieber alleine. Ruhige Kinder äußern nur selten ihre wahren Gefühle und brauchen dafür sehr viel Sicherheit. Sie brauchen die Gewissheit, dass sie geliebt und geachtet werden, bevor sie sich einem Menschen öffnen. Ruhige Kinder verbringen viel Zeit alleine und sind auch nur wenig an der frischen Luft. Ruhige Kinder können sich stundenlang selbst beschäftigen und oft merkt man gar nicht, dass sie sich überhaupt im Raum befinden. Die Erziehung eines ruhigen Kindes wirkt auf den ersten Blick recht einfach, doch dies ist leider nicht der Fall. Auch ruhige Kinder benötigen sehr viel Aufmerksamkeit.

13.4 Tipps im Umgang mit deinem ruhigen Kind

Sicherheit geben:

> Dein ruhiges, schüchternes Kind benötigt sehr viel emotionale Sicherheit. Es möchte wissen, dass es geliebt wird und braucht diese Bestätigung jeden Tag. Dein Kind wird sich sehr schwertun, sich an neue Situationen anzupassen, was das Leben etwas schwieriger gestaltet. Wird dein Liebling mit einer neuen Situation konfrontiert, zieht er sich meist zurück und verhält sich sehr ruhig, um kein Aufsehen zu erregen. Bestärke dein Kind in seinem Tun und gib ihm stets das Gefühl, alles richtig zu machen.

Neue Leute treffen:

Dein ruhiges, schüchternes Kind muss lernen, mit neuen Situationen und unbekannten Menschen umzugehen. Es kann hilfreich sein, dein Kind im Alltag immer wieder in solche Situationen zu bringen. Geht ins Kino und lass dein Kind die Kinokarten kaufen. Auch beim Einkaufen kann dein Kind das Fleisch oder die Wurst bestellen. Das Bezahlen an der Kassa ist auch eine gute Möglichkeit, bei der dein Kind mit einem fremden Menschen in Kontakt treten muss. Sei aber immer für dein Kind da und bleibe in der Nähe. Dein Kind muss die Gewissheit haben, dass du da bist und es im Notfall unterstützen kannst.

Das Gespräch suchen:

Du solltest immer wieder versuchen, dein Kind zu einem Gespräch zu überreden. Ruhige, schüchterne Kinder sprechen nur selten über ihre Gefühle. Sie wollen ihre Probleme alleine lösen und vertrauen sich nur selten jemand anderem an. Ein tägliches Gespräch kann deinem Kind dabei helfen, Gefühle auszudrücken. Frag dein Kind nach seinem Tag. Frag explizit nach gewissen Situationen und lass es erzählen, wie es sich gefühlt hat. Ein ruhiges Kind benötigt oft mehr Aufmerksamkeit als ein lautes Kind, auch wenn es auf den ersten Blick nicht danach aussieht.

❖ Praxisideen und Beispiele zum Kapitel 13.4:

Ruhige, introvertierte Kinder aus dem Haus zu bekommen, ist eher schwierig. Natürlich ist es altersabhängig, welche

Aktivitäten du mit deinem Liebling ausprobieren kannst. Wichtig ist, dass dein Kind Spaß daran hat.

Hier ein paar Möglichkeiten, dein ruhiges Kind nach draußen zu bringen:

- Mach einen entspannten Spaziergang mit deinem Kind
- Biete deinem Kind an, in die Bibliothek zu fahren
- Übt gemeinsam ein Hobby aus
- Fahrt ins Schwimmbad oder in die Sauna
- Ein Thermenbesuch kann sehr entspannend sein
- Spielt Gesellschaftsspiele
- Lest gemeinsam ein spannendes Buch
- Kocht gemeinsam das Mittagessen
- Geht auf ein gemeinsames Eis in die Eisdiele

Ruhige Kinder sind leichter zufriedenzustellen als aktive Kinder. Dein ruhiges Kind möchte meist nur Zeit alleine oder mit dir verbringen. Eine Möglichkeit wäre, dass du zu allen Aktivitäten eine Freundin oder einen Freund mitnimmst. Auch Geschwister sind gute Partner, um dein ruhiges Kind aus seinen Tagträumen zu holen.

14. Schlusswort

In diesem Buch konntest du viel über das Leben glücklicher Kinder lesen. Die Erziehung eines glücklichen Kindes beginnt bereits kurz nach der Geburt, indem die Bedürfnisse deines Babys stets gestillt werden. Hat sich ein gutes Urvertrauen aufgebaut, kannst du weiterhin an der Erziehung deines glücklichen Kindes arbeiten. Auch Kleinkinder benötigen noch sehr viel Liebe von Mama und Papa und auch die Aufmerksamkeit darf nicht zu kurz kommen. Schulkinder nabeln sich schon etwas ab, wollen aber auch noch Anerkennung und Lob. Jugendliche haben ihren ganz eigenen Kopf, aber im Endeffekt brauchen auch sie ihre Eltern, um glücklich werden zu können. Egal, ob Kleinkind, Schulkind oder Jugendlicher – jeder Mensch braucht Liebe und Geborgenheit, um glücklich zu werden.

Ebenso ist eine gesunde Portion Optimismus notwendig, um mit beiden Beinen fest im Leben zu stehen und dieses genießen zu können. In diesem Buch hast du erfahren, wie du dein Kind zum Optimisten erziehen kannst und wie du dein Kind zu einem empathischen Menschen machst. Empathie muss erlernt werden, daher hast du auch im letzten Teil des Buches einige Beispiele dazu lesen können. Die Fähigkeiten und Fertigkeiten deines Kindes zu fordern und zu fördern, ist ebenfalls von enormer Bedeutung, um dein Kind glücklich zu machen. Die Beziehung zwischen Kindern und Eltern ist nicht immer die beste, was vollkommen normal ist. In jeder Familie gibt es mal Streit zwischen Kindern und Eltern, oder auch zwischen Geschwistern. Dies gehört zum Leben einfach dazu. Artet ein Streit aber aus und es kommt zu einem Zerbrechen des guten Verhältnisses, muss schnellstmöglich eine Lösung her. Die Beziehung zwischen Eltern und Kindern sollte stets gut sein, damit dein Kind glücklich werden kann.

Die Erziehung deines Kindes kann auf unterschiedliche Art du Weise erfolgen. Natürlich muss dabei erkannt werden, ob es sich um ein eher ruhiges oder eher aktives Kind handelt. Jedes Kind ist anders und jedes Kind hat andere Bedürfnisse. Im Grunde haben alle Kinder dieselben Bedürfnisse, die Art und Weise, wie sie diese einfordern, unterscheidet sich jedoch erheblich. Auch das Maß der Aufmerksamkeit, das ein Kind benötigt, ist sehr unterschiedlich. Dieses Buch soll dir Möglichkeiten zeigen, wie du dein Kind zu einem glücklichen Erwachsenen machen kannst. Welche Möglichkeit für dich und dein Kind die beste ist, solltest du selbst entscheiden, denn jedes Kind ist individuell. Um die Erziehung etwas zu veranschaulichen, hast du in vielen Kapiteln einige Beispiele lesen können, die du in der Praxis leicht umsetzen kannst. Welche Methode du anwenden möchtest, bleibt dir selbst überlassen. Die Praxisideen sollen lediglich ein Anreiz sein und dir zeigen, wie du mit Erfolg zum Ziel kommen könntest. Bedingungslose Liebe gegenüber dem eigenen Kind ist für die meisten Elternteile selbstverständlich, was vor allem in der Erziehung sehr wichtig ist. Die Kindererziehung ist keine einfache Sache, doch jede Mutter und jeder Vater gibt sein Bestes, um sein Kind glücklich zu sehen.

Hat dir mein Buch gefallen?

Sollte dir mein Buch Glückliche Kinder Starke Kinder gefallen haben, würde ich mich sehr über eine Rezension freuen. Ich weise gerne darauf hin, dass es keine zwei Minuten dauert, eine kurze Rezension zu schreiben, diese aber anderen Lesern und mir aber sehr weiterhilft. Gehe dazu bitte auf Amazon.de und klicke oben rechts auf „Mein Konto“ und wähle dann „Meine Bestellungen“. Dort wirst du dieses Buch schnell finden.

Nach einem Klick auf „Schreiben Sie eine Produktrezension“ bzw. „Kundenrezension verfassen“ siehst du die Möglichkeit, bis zu 5 Sterne zu vergeben. Anschließend schreibst du bitte noch, was dir an meinem Buch besonders gefallen hat. Etwas über 10 Worte reichen da schon. Je mehr allerdings, desto mehr freue ich mich.

Lesenswerte Literaturempfehlungen

Achtsamkeit mit Kindern

Training und Ratgeber, Meditationen und Fantasiereisen, um Kinderseelen stark zu machen. Inklusive 21 phantastische Fantasiereisen.

Achtsamkeit mit Kindern von Linda Seefeld

ISBN-10: 1717869637
ISBN-13: 978-1717869630

Vegan Kochbuch - Einfache Rezepte

Einfache Rezepte und Gerichte für jeden Tag, für eine gesunde Ernährung und ein gesundes Leben, schnell und leicht gemacht. Tolle Rezepte, Gesund essen, Vegan einfach, Vegan für Faule.

<u>Mit extra Bonus Teil im Buch:</u>

- Neun wichtige Regeln für eine gesunde vegane Ernährung
- So kannst du alltägliche frische Produkte vegan ersetzen

Vegan Kochbuch von Emma Zedel

ISBN-13: 978-1718129788

ISBN-10: 1718129785

Haftungsausschluss

Der Autor übernimmt keinerlei Gewähr für die Aktualität, Korrektheit, Vollständigkeit oder Qualität der bereitgestellten Informationen und weiteren Informationen. Haftungsansprüche gegen den Autor, welche sich auf Schäden materieller oder ideeller Art beziehen, die durch die Nutzung oder Nichtnutzung der dargebotenen Informationen bzw. durch die Nutzung fehlerhafter und unvollständiger Informationen verursacht wurden, sind grundsätzlich ausgeschlossen, sofern seitens des Autors kein nachweislich vorsätzliches oder grob fahrlässiges Verschulden vorliegt. Alle Angaben wurden vom Autor mit größter Sorgfalt und nach bestem Wissen und Gewissen recherchiert oder Spiegeln seine eigene Meinung wieder. Der Inhalt des Buches passt möglicherweise nicht zu jedem Leser und die Umsetzung erfolgt ausdrücklich auf eigenes Risiko. Es gibt keine Garantie dafür, dass alles genau so, bei jedem Leser, zu genau den gleichen Ergebnissen führt. Der Autor und/oder Herausgeber kann für etwaige Schäden jedweder Art aus keinem Rechtsgrund eine Haftung übernehmen.

Quellenangaben

„ucla_pucla/Depositphotos.com“
„human_306/Depositphotos.com“
„dip2000/Depositphotos.com“
„galinashpak/Depositphotos.com“

Impressum

1. Auflage
ISBN-13: 9781791771928

Kontakt: Maik Winter, Bürgerstraße 22, 01127 Dresden
E-Mail: sommerma@gmx.de
Covergestaltung: germancreative
Coverfoto: depositphotos.com

44670043R00073

Printed in Poland
by Amazon Fulfillment
Poland Sp. z o.o., Wrocław